喜悅，就是去擁抱生活

巴觀（Sri Bhagavan）——著

傅國倫——編譯

The Secret of Joy is to Embrace Your Life

──推薦序一──

覺醒是永無止境的旅程

翁湘淳／棉花田生機園地創辦人

過去十一年在印度合一大學，我獲得許多的祝福與禮物，看過數不清的奇蹟故事，聽過道不盡的恩典。對我而言，「覺醒」是永無止境的旅程，每個人都有這趟旅程的車票，端看是否願意上車欣賞沿途的風景。

生命中所有的路徑都是體驗。透過經驗，我們的生命才有力量；有了力量，我們才能面對；面對之後，才會發現自己的渺小，這時才會看見原來這一切都是宇宙存在的恩典。我因為合一實現生命也品嚐到喜悅，希望國倫編譯的這本書能夠造福更多讀者。讓我們一起迎接充滿愛的黃金紀元，敬生命！

推薦序二

修行就是生活

楊克平／美國密西根大學哲學博士

是的！靈性就是擁抱生活！大家說的「靈性」，指的就是「覺性」，是所有生命原本具足的「覺知覺性」。而生活，就是修行。修正我們的心念與行為，好使自己帶著「覺」過生活，過著慈悲、智慧的生活，方能真正享受生活，活出生命！正如書中巴觀所言：「你不應該將世俗與靈性分離。實際上，分離是不存在的，世俗和靈性是一體且相同的。」

修行就是生活；而生活，理所當然應該須臾不離修行。對我來說，卻不是如此！回顧一生，生活了數十年，卻不知修行為何物？從自以為的修行起，也未曾清楚過生命，更遑論方向在哪了！可笑的是，連一直追求的，所謂的「覺醒」、「開悟」，究竟為何物？未真正瞭解，更未曾體驗過。所有的「知道」，只不過是人云亦云，自我意識與潛意識的互為滿足罷了！見到光、感覺殊勝、意識層次提升了……全是自我意識表層的作用。生命之源在哪？從未觸及，也從未體驗過。生命的究竟為何？真的我在哪？生命從何而來？似乎人人都有一套說詞，卻也一知半解。除了少數覺者，無人驗證、覺證過。

我經過這人云亦云式的修行法，一晃就近乎二十年。生活依然，習性照舊，偏見非但未矯正，還多了一層華麗的包裝，深化了自我感覺良好，使自己更不覺，迷失在塵世中！細觀之，世人不多也如此？

有心閱讀這本書的人，想必都是修行者，或是想要修行的人吧！也或許生命中遭遇了難題，舉凡健康、財務、事業、關係等生活各個面向中，出現了障礙或想要突破的狀況吧？這些情境，你我皆可能遭遇，心境也可能類似，但做出的反應，可就不盡相同了。因為我們都有自由選擇動什麼念、採取什麼行動的權利。這，就是自我意識的功能了！所以，一切生命都是公平的——公平選擇生命方向的自由。

是故，生命的大方向必須清楚、必須正確：「無差別卻也無盡量」乃是所有生命的本性、自性。生命中所遭遇的一切人、事、物皆是「果」，必須樂於接受一切，只求利他，有智慧，以便重新種下新的善「因」。這也就是巴觀所說的，全然經驗它、消化它，方能轉業成識、轉識成智。

萬般唯心所造，唯識所現。所以，修行在於修心。巴觀告訴我們，對於內心的問題，我們唯一能做，也是唯一需要做的，就是去覺知與接納自己內在真實的狀態。將所有的念頭、情緒、思緒等，都當成是情境；抱持「不阻擋、不抓取，保持覺知的，有意識的觀照自己的思、言與行為」。也就是練習客觀、空觀的定性；觀察頭腦不斷給人事物貼標籤的過程。則頭腦，即自我意識，將與覺知覺性合一。生命中少了抗拒，能量得以保存，痛苦也就得以轉化了！

萬生有幸，我今能聽聞正法，有了正知正見的導引，終於明白生命的方向，也終於清楚生命的究竟之道！修行就是修正我們的偏見、我執我慢，以及僵化的慣性與執著性；主動積極的體會生活，從人的德行出發，印證眾神佛的智慧。

因為「德」是智慧的基礎，所有成神成佛的聖者，皆是德性具足的。

用「心」將本書的精神落實在生活中，而非將之加入頭腦中，累積成另一新知，這也是編譯者國倫用心良苦的意圖。願眾生都能真正的擁抱生活！以此與大家共勉。

編譯者序

喜悅與滿足來自於全然的經驗生活

無論我們是什麼身分、在怎樣的環境中、過著什麼樣的生活，在我們每個人內心都有一份深深的渴望：希望經驗到更多喜悅，獲得更多滿足。我們經常認為當自己得到了某件事物、賺到更多的金錢、擁有美好的伴侶、得到更高的地位時，我們就會更快樂、更滿足、更享受生命。然而，即使在辛勤努力之後，我們得到了自己所渴望的事物，某種不滿足感卻仍舊在內心徘徊不去，我們依然感到空虛，總感覺生命少了些什麼，因為我們並沒有好好享受自己所擁有的一切。

我們的內在時常處於煩擾的狀態，頭腦又不斷將我們帶離當下，讓我們無法享受當下的經驗。當我們吃著美食時，卻無法細細品嚐它的美味；當我們與親愛的人相處時，卻無法全然經驗愛的流動；當我們在大自然中時，卻無法盡情欣賞美景。當我們達到期待已久的目標時，下一個目標又馬上抓住我們的注意力。

什麼阻礙了我們去經驗和享受生活？

就像只有平靜的水面可以清晰映照出一切，唯有當我們的內在處於平靜和清澈的狀態中，才可以敏銳和深刻的經驗生活中所發生的一切，去感受每個流過我們感官的體驗。然而，某些因素阻礙了我們去深刻經驗每一個當下：

1. 負面情緒的籠罩

在成長的過程中，我們難免會在某些時刻感到受傷，覺得害怕、憤怒、嫉妒和悲傷。我們往往並不清楚如何有效的化解這些負面情緒，我們通常也不適合隨心所欲的表達這些情緒，於是我們就會壓抑情緒，這導致負面情緒持續的累積，這些情緒使我們喪失了對於生活的敏感度和自發性。

2.頭腦的喋喋不休

我們的頭腦經常處於喋喋不休的狀態，不斷衡量和評論我們所經驗到的每件事情，這阻礙了我們全然去體驗生活，去經驗我們所感受到的一切。頭腦又經常懊悔過去所做的事情，擔憂未來的情況，使我們錯過了當下的經驗。

3.心變得封閉

感覺，是心的屬性。只有心，可以去感受、去體驗。但在成長的過程中，因為受到社會、學校和長輩的制約，我們開始只聆聽頭腦的聲音，而忽略心的感受，於是心逐漸變得封閉。當我們的心封閉時，就無法敏銳的感受生活。

4.逃避生活中的挑戰

在生活中我們難免會遇到各種困難和挑戰，當我們沒有面對這些挑戰，而逃避問題時，我們就會關閉自己對於有問題的部分的感受，讓自己不去感覺問題的存在，這使我們在某些方面變得麻木。當我們關閉感覺時，雖然可能減少不舒服的感受，但也因此不再能感覺到喜悅。

5.對感官的體驗缺乏覺知

我們經常無意識的做著各種事情、機械性的過生活，而沒有好好感受我們所經驗到的一切。當我們對於自己所看見、所聽見、所品嚐到、所聞到、所碰觸到的，都有更多覺知時，每一份感官的體驗都會變得更加深刻和生動。

透過覺知，淨化自己內在的狀態

要全然經驗生活的每一個當下，我們需要使自己保持在一個敏感、敞開和覺知的狀態中，因此我們必須去淨化自己的內在。通常我們都會想要以改變外在世界事物的方式，直接改變自己內在的負面情緒和思想。然而，當我們與自己的思緒和情緒抗爭時，往往只會產生更多的衝突。我們越努力讓頭腦安靜下來，頭腦只會越煩擾，讓我們更不平靜。因此，巴觀告訴我們，對於內在世界的問題，我們唯一能做，也是唯一需要做的，就是去覺知與接納自己內在真實的狀態。

就像是將冰加熱，冰就會融化為水；將水加熱，水就會蒸發為水蒸氣。當我們將「覺知」的能量專注於自己的內在狀態時，內在的狀態就會產生轉化。看見自己內在各種負面情緒和感受；看見頭腦的不平靜，許多的思緒喋喋不休；看見自己的心是乾枯、沒有綻放的。覺知是一股能量，當我們覺知到自己內在真實的狀態時，我們就是將能量聚集在內在，這股能量就會使我們的內在產生轉化。當我們覺知到並去經驗負面的情緒和思想時，情緒就會隨著經驗逐漸化解、頭腦會安靜下來、心也會逐漸綻放。我們將會變得更敏感，更能深刻的感受生活。

更用心去經驗生活，自然會有更高的成就

當我們將焦點放在追逐各種目標時，就無法好好品嚐每一個當下，以至於錯過了每一個當下的美好。當我們學習將焦點從「對目標的追求」，轉為「更深刻

體驗每個當下」，而不只是將當下活動作為達成目標的手段時，我們就會更投入的去經驗每個當下、更認真做我們正在做的事情，這自然會使我們有更好的表現、創造出更高的成就。

無論是快樂或痛苦的情況，當我們全然經驗時，都會帶給我們喜悅。當我們全然感受每份經驗時，每一份感官的經驗都會使我們喜悅。所有的情緒都是能量，當我們經驗了悲傷的情緒，悲傷就會轉化為喜悅。當我們的生活充滿喜悅時，我們對於所做的一切事情都會更有活力、有更好的效率與創造力；與人們的連結也會更加親密，而有更好的互動與合作。

透過神的幫助，克服生活中的挑戰

在生命中，總是有各種的問題接踵而來，這些問題使我們更加成長和茁壯。然而，有時我們會發現問題超出了自己所能克服的。這時，我們期盼能有一個更高意識和力量在困難的時刻向我們伸出援手，給予我們幫助。我們也許可以在廟宇、教堂或大自然中，感覺到這個更高意識的存在；或是在回顧自己的生命時，發現某些奇妙巧合的發生，將我們的生命引導到正確的方向上。我們依稀可以感覺到有個更高的意識一直在引導著我們的生命。這個更高的意識可以以任何我們希望祂呈現的形式向我們顯化，回應我們。我們可以與祂連結，向祂祈禱，請求祂幫助我們克服困難、實現我們的願望、使我們的心綻放，或是使我們覺醒。

經驗生命的無限奧祕

當我們的覺知持續成長、心得到綻放時，我們就會與宇宙萬物有更深的連結。當這份連結逐漸加深時，我們與神的關係也會越來越融合；這讓我們的意識持續的擴展，使我們能更敏感的去經驗生命。

巴觀說：「生命不是個要被解開的謎題，而是個要被經驗的奧祕。」當我們全然的經驗生活中的一切，每件日常生活中的事情，例如走路、飲食、聊天、開車、工作、嬉戲，或是和朋友、家人相處，當我們帶著更高的覺知與敏感度去經驗生活時，每件事情都可以帶給我們許多的喜悅，我們就會經驗到萬事萬物中所蘊含的無限奧祕和神聖性。

目錄
Contents

第二章　當你覺知時，內在的問題就化解了 45

第三章　接納自己真實的樣子，衝突就消失了　65

第四章　頭腦阻礙我們經驗和享受生活　84

第七章　逐步進入更深的覺醒層次 131

第十一章　與神合一，帶給你極致的喜悅　202

第十二章　合一祝福的轉化性力量　216

第三部　生命輪迴：靈魂的演化旅程

第十四章　死亡是解脫的經驗　240

第一部

靈性成長，使你經驗到無限的喜悅

靈性就是獲得喜悅，喜悅必須存在於一切你所做的事情中，每一刻都必須是喜悅的。靈性幫助你發現無條件的愛以及沒有原因的喜悅。

第一章　全然體驗生活每一刻的奧祕

一個全然經驗生命的人，就是一個真正靈性的人。靈性，不是另一種存在形式；靈性，其實就是生活本身。許多人覺得必須在靈性與物質之間有所選擇，他們認為如果追求物質，就不是靈性；如果追求靈性，就不能擁有物質。但這並不是靈性！

當你很享受你的工作時，就是一種靈性的行為。當你駕駛汽車時，很享受這個經驗，這就是神聖的行為。當你幫助別人、服務別人，這就是靈性。當你與家人連結，經驗別人，這就是靈性。當你專注於思考如何將事業帶到新的層次，這就是靈性。全然去做任何你所做的事情，充分享受它，這就是靈性。當你在每一刻都活出生命時，很自然就可以感覺到你與每個人、每件事物的連結。當你是靈性的，你對生命會有更大的熱情，做任何事情都會有更高的效率。

當你覺醒時，你就會成為靈性的；現實生活中的一切，對你來說，都會覺得享受。當你喝一杯水、走路或說話時，或是為你的企業工作時，這一切都能給予你能量，你也將開始慶祝生命。

今日，人們努力瞭解每個片刻，試著在每一份經驗中找到意義。但人們不瞭解的是：「經驗」即是神聖的，「生活」即是神聖的，「覺知」即是神聖的。瞭解這點的人，就是真正靈性的人。靈性的人，就是快樂的人。他有助於創造快樂的關係、快樂的家庭、快樂的社區、快樂的國家，以及快樂的世界。

● 如何經驗生活？

首先，最重要的是要快樂。不要想著你沒有的東西，想想你擁有的事物。有些人生活在地獄裡，甚至連一天份的食物都沒有。當印度清奈發生水災時，窮人不肯離開他們的小屋，因為他們害怕失去自己的房子，或是害怕回來的時候，別人已經占據了他們的家。有些人的生活是很悲慘的。感恩是非常重要的。

其次重要的是，全然的體驗生活。人總是活在過去或未來之中，無法全然的經驗當下。當你在喝咖啡時，聞聞咖啡的香氣，感覺咖啡的熱度，然後再品嚐。全然投入所有的感官是很重要的。人們在喝咖啡時，老是想著工作；而在工作時，卻想著家裡。因此，全然的投入感官是很重要的。

第三件最重要的事情是，改善與父母、與伴侶的關係。你與他們互相連結著。因此，除非他們是快樂的，否則你無法成功。

● 如何終結生活中的問題？

生命是一趟旅程，一切都是過程。金錢、健康、關係、名譽、聲望、成功、失敗……這一切的事物，有各種挑戰不斷來來去去，你將面臨這些挑戰。唯有當你面對這些挑戰時，你才會成長。唯有這時，旅程才會前進。如果沒有面對這些挑戰，就沒有前進，你就會卡住了。因此，生命會拋出各種挑戰。從「有序」移動到「無序」，從「無序」移動到「有序」；在循環中移動。無論你在什麼狀態中，問題都會來臨。合一教導做的是：使你能夠面對這些挑戰。如果你正確的面對挑戰，挑戰就會消失。一段時間之後，又會有其他的挑戰來臨。同樣的，你必須面對這些挑戰，接著你就會再度成長。成長是沒有終點的，挑戰會不斷來臨，而你也將會持續成長。這就是生命建構的方式。你無法想像一個沒有任何問題的人生。這樣的人生並不存在！如果沒有這些挑戰，你會覺得死氣沉沉，而不覺得自己活著。你需要挑戰來生活。

隨著你持續的成長，直到最後，你成為了一切，成為了萬物。這不是某種想像的事情，不是在概念上，而是實際上，你會經驗到自己就是一切。你的意識擴展了，大腦改變了，每一刻，你都知道自己與宇宙是合一的。這就是人的潛能。然而，要做到這一點，你必須投入生命。如果你從生命撤離，就無法到達那裡。

事實是，大多數人沒有真正的投入生活。投入生活，指的是面對問題。生活不斷拋出挑戰。一個挑戰解決了，另一個挑戰又會來臨。你必須準備好迎接接下來的挑戰。這些挑戰也沒有結束的一天，因為這是事物的本質。請求你的神幫助你投入生活，所有的事情很快就會得到改變。如果你的觀點很清楚，恩典就會來幫助你。這就是面對生命中挑戰的方式，我們稱之為「生活」；如果你不去面對這些挑戰，你不過是在「生存」而已。這就是為什麼合一教導幫助你從「生存」移動到「生活」。

●有時，我對滿足自己的渴望有罪惡感，怎麼辦？

你必須真正的經驗生活。如果你喜歡美食，就去享受它；如果你喜歡開車，就去開車。這就是你必須生活的方式，但要對正在發生的事情有強烈的覺知。如果你壓抑它們，你就不會成為靈性的，也不會覺醒。也許你會成為一個聖人，但我們並不希望或等待你成為聖人，我們希望你成為覺醒的人。聖人，可能沒有覺醒、沒有開悟。我們談的是覺醒、開悟，這是非常不同的。

渴望，是頭腦的一種屬性。我們彼此是不同的，但我們是相連的、一體的，我們實際上是個集體的存在。我們的這些渴望，是集體放入我們內在的。你對滿足自己的渴望有罪惡感，是因為你認同了你的渴望、思想、情緒和感覺。當你越來越少認同它們時，看見自己內在的狀態就會變得非常容易。你必須瞭解的，是渴望進入你的內在，你對它沒有責任。問題在於你認為有渴望是錯誤的。你不斷被告知「渴望是錯的，要放下渴望」，問題就是來自於此。但集體頭腦希望你滿足渴望。滿足渴望沒有什麼錯，如果你能滿足自己的渴望，這是成長最簡單的方式。

成長的方式有許多種。其中一種是要你否認所有的渴望，變成放下一切事物的人。合一教導的方式，比較是滿足渴望。滿足你的渴望，其實是最容易的成長方式。創造財富，一點都不是不好的；事實上，創造財富可以幫助每個人。創造財富帶來滿足；滿足帶來轉化；轉化帶來自由；自由帶來覺醒；覺醒帶來了悟神性。所以，如果你專注於創造財富，你就是在從事靈性修行。

你不必去想，為什麼你來到這個世界。無論你自然的渴望是什麼，就去滿足它。如果你這麼做，很自然的，你將知道為什麼你會來到這裡。但如果你試圖去知道為什麼你來到這裡，那麼你永遠都不會知道。透過否定自己，你永遠都不會知道。表現自己，享受自己，並帶著覺知，你就會知道這些事情。

●什麼使人有靈性？

靈性與心有關，而與你的知識，或所謂的信仰宗教無關。靈性是心的事情。如果你能感覺到某個人、感覺到動物，那麼你就是靈性的。實際上，靈性甚至與神也沒有關係。靈性是來自於心的層面；如果你能感覺到心，那麼神已經存在了。

這是為什麼你會發現「基督聖心」的美麗圖像。你一定見過那些畫，因為心是關鍵。當人們問你「你是誰？」時，你指向自己的心，而不會指向你的頭腦。因為你不是頭腦，而是心。當你死的時候，離開你的「精微體」，就在心的空間之中。

但如果心已經死亡了，你會有什麼感覺？你可以自己看到。你並不需要一位大教授來告訴你這一切，只要觀察一下自己，就會知道你是沒有心的：你不愛你的父母，只是在利用他們；你對父母好，是為了完成你的事情。父母對你好，你才會對他們好；父母對你不好，你就不會對他們好了。在夫妻之間，你可以看到只有某種依賴、某種興奮。你在內在已經死了，你知道這一切都是交易。無論什麼帶給你好的事情，你就會感到高興；無論什麼帶給你痛苦，你就會拒絕。心在哪裡呢？

我不是說沒有「有心」的人。還是有這樣的人，但很少了，少到幾乎可以說沒有這樣的人。人類的心已經乾枯了。不然的話，我們怎麼會有那麼多的離婚、這樣的折磨、這樣的問題呢？無論我們在這世界上看到什麼，都與這直接相關。

●如何創造豐盛的生活？

我一直主張大腦必須改變，但要如何改變大腦？你必須盡可能經常回顧你的生命，從你有記憶的那一天開始，可能是三、四歲或五歲時，持續回顧你的人生，直到現在。當你回顧你的人生時，學習以正面的觀點來看事情，看到所有發生在你身上的好事情。即使是負面的事情，你也必須學習以正面的方式來看待它，因為你肯定在生命中從它學到了一些東西。你的整個人生都必須變成正面的。

對於所有你得到的東西，請持續專注在它們上面，持續為所發生的事情向神表達感恩。即使是負面的事情，你必須學習以正面的方式來看待。一旦這發生了，大腦就會改變，你就會獲得豐盛意識。發生的情況是，你從大腦發出訊號，而訊號被傳送到在其他情況中的人。如果你想要財富，這將會開始移動，你開始看到機會。在原來什麼都沒有的地方，你會看到財富的機會。不僅如此，你的好運也開始發生。你的整個世界改變了，它變得完全不同。

當你以正面的方式來看每件事情，你的生命將變得很美，每件事情都是為了你的福祉而發生的。你的整個態度都改變了。你所有的程式、障礙，一切都會隨之改變。你發出訊號，某個在美國、中國或俄羅斯的人可能就會收到訊號，他可能會做某些事情，接著某件事情突然發生在你身上，或某個鄰居來幫助你。

財富就會有往你這裡來的傾向。如果你想要的話，這就會來臨。你過去覺得它不會來臨，是因為你的思維方式，你只有貧窮意識。而你必須獲得豐盛意識！不是看到杯子的一半是空的，而是看到杯子的一半是滿的。很可能在七天內，你就開始看到效果。

●靈性成長對我們的生活有什麼幫助？

宇宙建構的方式是，你通常會得到你所想要的。如果你沒有得到這些東西，是因為我們所說的「無意識中的程式」。靈性可以改變程式，使你在生命中成功。只要渴望存在，你就必須去追求它們。如果渴望沒有得到實現，我們要追蹤哪裡出錯了、該做些什麼。我們會從在子宮內的成長階段、童年經驗，或前世的印記中追蹤問題。一旦問題被解決了，渴望就會自然得到實現。

渴望要不是必須被滿足，就是必須被化解。合一教導並不反對這個世界，合一教導支持財富，滿足個人的渴望，以及擁有物質享受。但合一教導並沒有就此停下來，它更進一步到覺醒，因為世俗的快樂是短暫的，它必然只是歡樂，而不是喜悅。為了得到喜悅，你必須覺醒。但首先我們要先專注於世俗的事物，然後才是覺醒。

現在的你並不喜悅，能讓你喜悅的就是靈性。喜悅必須存在，而且是沒有原因的喜悅。有原因的喜悅，並不是喜悅。你因為通過了考試、買了房子、和不錯的人結婚，而覺得快樂。這些是歡樂。喜悅是沒有原因的，就如真愛是沒有原因的。靈性，幫助你發現沒有原因的愛與喜悅。

●如何獲得喜悅？

無論你內在有什麼，就是接納它。當你接納它時，就沒有衝突了。當沒有衝突時，就有充沛的能量。當你有能量時，就會看到自己的內在發生了什麼，就會得到喜悅。因此，請全然經驗痛苦，真誠經驗所有的心理痛苦。如果你全然經驗痛苦，痛苦就會成為喜悅。不要試圖逃離痛苦。如果你試圖逃離，你只是將痛苦藏在地毯底下，一段時間之後，它就會開始發臭。大多數人都是這樣做的，他們從來沒有面對自己的痛苦。當你失去工作，或發生其他問題時，你沒有去經驗痛苦，你透過看電視、看電影、去朋友家、做某些儀式，來逃避痛苦。這就是所謂的「悲傷管理」。透過悲傷管理，可以到一個程度，但它肯定無法使你擺脫痛苦。

你必須學習的是，如何面對痛苦。假設你內在有強烈的嫉妒，嫉妒本身就是痛苦，你知道嫉妒有多麼的痛。並不是：「我會試著不嫉妒，做一個善良和充滿愛的人。」這一切都是假的。你是你，你有嫉妒、暴力、憎恨，這一切都在你的內在。因此，去面對它。我不會告訴你成為這個或那個。不，而是成為你真實的樣子。就像拉瑪那馬哈希問「我是誰？」，但他發現的是其他東西。你發現的是：你是拉瓦那*。世界上所有無用的東西都在你的內在，這將是你的發現，不用太多時間。人們不喜歡這樣，你想對自己有良好的形象，所以這一切被掩蓋得很好。但如果你去挖掘，只會看到垃圾。

面對這些垃圾，它就在那裡。既然它在那裡，去接納它吧。你如何能逃離它呢？它是痛苦的。但如果你看見它，突然你就會有喜悅。快樂的人不會帶給他

---

*譯註：拉瓦那是印度教神話中的妖王。

人痛苦。只有不快樂的丈夫或妻子會帶給他的伴侶痛苦，不快樂的孩子會帶給他們的父母痛苦，不快樂的員工會帶給雇主痛苦……不快樂的人散布痛苦。

快樂的人不會帶來痛苦。如果人們是快樂的，他們就不會做出任何錯誤的事情。他們很快樂，因此不會做任何不適當的事情。是不快樂的人會陷入麻煩，最終成為小偷、罪犯。

基本的一點是，你必須有最低限度的快樂。而真正的快樂來自於面對你自己。如果你這麼做，你的家庭就會很好；當你看到你的伴侶時，你就會進入喜悅。當你的伴侶看到你時，就會有喜悅；你的家就會成為聖堂。

●如何對於生涯更加專注？

你必須清晰的思考你在生活中的優先事項是什麼，你必須花時間去思考這一切事情。

安全感對於任何人都是最重要的事情，你必須對你的教育、你的人際關係、你的家庭和每件事情都有安全感。安全感越多，分心就越少；安全感越缺乏，分心就越多。你必須在你的安全感上努力。對於這一點，願景是最重要的。如果你沒有願景，你就會失敗；如果個人、家庭或國家沒有願景，就會衰退。因此最重要的是，開始處理你的願景，無論是什麼願景。當願景固定時，就會進入你的無意識，一切事情就會開始發生。

●情緒對我們的生活有什麼影響？

情緒會自動觸發你的過程和你的行動。如果你沒有正確的情緒，就不會有正確的思想，你就不能夠以正確的方式行動。因此，我們改變你的情緒。而我們要改變你情緒的方式就是：我們改變你的觀點。

假設你的觀點是「杯子的一半是空的」，我們就會將你的觀點改變為「杯子的一半是滿的」。當你覺得杯子的一半是空的，你的情緒不會很好。當你覺得杯子的一半是滿的，雖然什麼都沒有改變，但因為你的觀點改變了，你會有很好的情緒。當你感覺情緒很好時，你就會有能量，有意願去行動和創造事物。這一切都會自然的來臨。

不僅如此，當你做某件事情時，你需要得到一些幫助。例如，你站在公車站等車，希望公車停下來。如果你只有一個人，公車可能不停就駛離了。但如果你有正確的情緒，你的情緒會影響司機，即使公車開得很快，還是會停下來讓你上車，因為你影響了外在的環境。你不斷影響環境，而環境又反過來影響你。這就像是一個循環：你影響環境，環境也影響你。這必須是一個良好的循環。因此，你必須有正確的情緒，然後很自然的，你就會發現所有的幫助都來臨了。假設你處於負面的情緒去銀行貸款，由於某些原因，銀行行員可能會拒絕你。但如果你處於正確的情緒去銀行貸款，即使你的條件並不充足，銀行行員也可能核准你的貸款案。

因此，如果你有正確的情緒，生活中的一切事情就會順利進行。當你的情緒是錯誤的，事情往往就會出問題。我們所談的不是推測，也不是哲學。哲學是某個人思考，給你一個新的理論或學說。我們不是！我們要跟你談的是，你可以確實看到和經驗到的。這就是為什麼你可以說這是經驗性的科學。我們確實是從證據來談的，而不是推測。

●如何在靈性生活與世俗生活之間取得平衡？

在所謂的靈性與世俗之間完全沒有衝突。一個人可以遵循世俗的追尋，並在靈性上成長。無論你是一個士兵、商人、教授或官員，如果你做你正在做的事情，那麼你就是靈性的。這一切所需要的是，你對於自己所做的事情有強烈的覺知。覺知就是關鍵。你內在發生什麼並不重要，我們也不關心外在發生了什麼，重要的是覺知的層次。唯一的要點是，你能不能強烈的覺知到內在和外在所發生的一切。如果你更覺知，這就意味著你是更靈性的。我們稱之為「進入覺醒的旅程」，這是一趟進入越來越大的覺知的旅程。因此，沒有這個是靈性的、那個是不靈性的事情。你可以做木工，如果你全然覺知到正在發生的一切，你就是靈性的。你可以在內在有憤怒或嫉妒，但如果你強烈覺知到這一點，你就是靈性的。

處理你的世俗問題，並全然專注，就是你的道路。靜心和其他的活動都只是次要的。你的財務問題、家庭問題、健康問題和其他的問題，才是真正的挑戰，如果你適當的應對這些挑戰，你在靈性上就會持續成長。回應你的問題，就是你的道路。你不應該將世俗與靈性分離。實際上，分離是不存在的，世俗和靈性是一體且相同的。

●可以放棄世俗渴望，只追求覺醒嗎？

每個人都必須賺取財富，因為要是沒有財富，你就不能在這世界上做任何事情。你必須獲得財富，這是自我必須被表達的方式。你必須追求渴望，自我必須在其渴望中前進。在合一教導中，我們說自我必須成為完整的，來實現財富、渴望和貢獻。只有當這被達成時，覺醒才有可能。

如果你要取得成功，但還有許多的問題，你就必須去克服心理障礙和創傷。你必須克服這一切，取得成功和滿足渴望，以及能夠沉思。如果這些被達成了，在過程中，你就會成為一名戰士。你必須先成為一名戰士，才能達成覺醒。除非這些障礙被清除了，否則你無法達成覺醒。

假設你因為創傷和心理制約，而在賺取金錢上失敗，那個創傷和心理制約也會阻礙你覺醒、開悟或在靈性道路上前進。因此，你必須達成這一切事情，如此才會有自然的成長。如果你沒有達成這一切，卻說：「我要開悟，達成覺醒。」你是不會達成的！你必須滿足自我。這就是為什麼我們強調成功——在人類生活的每一項活動中成功。

●如何發現自己生命的道路？

你的神會直接告訴你，你的道路是什麼；或者，你的心將會引導你走上你的道路。感覺是屬於心的，而思想是屬於頭腦的。如果你學會分辨你的頭腦和你的心，你就會迅速發現自己的天命。

當我們談到「生活的藝術」，我們指的是毫不費力與你內在的狀態待在一起的藝術。如果你學會了這門藝術，你就踏上了自己的靈性之旅。在這之後，旅程將是自動的，你的生活就是你的師父、你的老師，你將會發現自己的道路。只有你的道路可以使你解脫，而不是透過某人的道路或某人的教導。使你解脫的，是你自己的道路。當你學會與你內在的狀態待在一起的藝術時，你就會發現了。

第二章　當你覺知時，內在的問題就化解了

今日，每個人都過著衝突性的生活，不是與世界有衝突，而是與自己有衝突。因為我們沒有接納自己的內在，所以造成衝突。我們內在，經常發生衝突性的對話，我們與自己、與自己的情緒持續對抗。這種衝突摧毀了我們與親近的人的關係，也摧毀了我們與整個社會的關係。當我們轉向內在，聆聽內在的掙扎時，這就會引導我們去接納。當接納發生了，平凡的經驗就會成為超凡的體驗。

●如何處理生活中的問題？

合一教導，是給予對於內在世界以及外在世界的教導。對於內在世界，合一教導本質上是消極性的；而對於外在世界，合一教導本質上是積極性的。舉例來

說，當你家的水龍頭漏水了，你必須積極瞭解它為什麼漏水了，並修理它。另一方面，如果水龍頭漏水使你內在有沮喪或憤怒，那麼合一教導就教你去擁抱這些情緒，與它們待在一起。

在外在世界，你必須改變事情；而在內在世界，你必須看見自己的內在。那個「看見」，就是一切了。談到內在的問題、內在的成長或靈性的進展時，你必須學習「看見」的藝術。你內在有什麼並不重要，只要你看見內在有什麼。如果你這麼做，你就是活著的。

你必須看見自己的內在有什麼，你有嫉妒、憤怒、憎恨、恐懼、挫折，就像是看電影一樣看著它。這是最令人享受的經驗。就是看見你內在發生了什麼。就像吃冰淇淋時，你不需要知道冰淇淋是什麼人做的、冰淇淋的成分是什麼……你只要享受冰淇淋。與此類似的是，去看見與經驗你內在所發生的一切。你不需要知識，也不需要對內在的事物命名。當你這麼做時，就會看見自己的內在。僅是看見你內在所發生的一切，就是覺醒；其餘都是自動的。

●如何化解情緒的痛苦？

當我們使用「痛苦」一詞時，我們指的是你一直在「逃避痛苦」。這就是你所謂的痛苦，可是你沒有覺知到這點。舉例來說，如果你家中有人過世了，而且是你親近的人或心愛的人，但你不想面對這個事實，於是不斷的逃避，這就是你所謂的痛苦。但當你轉身回去，接納發生的事情，剛開始可能是極度痛苦的，你甚至會出現胸痛。在你接納痛苦時，有時身體會產生很強烈的抽搐。當你不再逃離痛苦，也不再試著去瞭解它、解釋它，就只是跳入痛苦中，這就是我們所說的「跳入老虎的口中」。

當你攀在天花板上，老虎在下面吼叫，你害怕自己隨時會落入虎口，這就是你所說的痛苦。我們說的是，請從天花板上下來，直接落入老虎的口中被吃掉。奇妙的是，當你被吃掉時，「你」就消失了，那還有誰在痛苦呢？這就是為什麼我們說，你不必瞭解痛苦，你不必藉助心理學或哲學——它們對於化解你的痛苦沒有幫助，只會幫助你逃離痛苦。如果你沒有去經驗痛苦，有一天這頭老虎還會再次撲向你。你所能做的最好的事情就是去接納痛苦，奇妙的是，你遲早會發現自己學會了這門藝術。每當痛苦來臨，你就會接納痛苦，而痛苦就會轉化為喜悅。一個完全精通這門「將痛苦轉化為喜悅」的藝術的人，他幾乎就是覺醒的。

●如何保持正面的能量？

很多時候，你談的問題都是「被創造出來的問題」，而不是「真正的問題」。真正的問題在你的內在。要碰觸真正的問題，你必須練習看見自己的內在。主要是觀照你內在的思想。當你碰觸真正的問題時，很自然就會轉向正面的能量，此後就很難再調到負面能量。頭腦與意識會自動填滿正面能量，接著你就會發現自己的關係與財務情況改善了，一切都會開始改善。

當你這麼做時，就會觸及到真正的問題。不僅是你內在的能量，你周圍的能量也會隨之改變，你將會得到非常正面、有益的效果。

●如何改善關係的問題？

生命就是關係，所有的關係都是能量交流。有許多的因素影響著關係，包括前世、行星位置、業力循環，以及更多的因素。關係要不是給予你能量，就是消耗你的能量。一切事物都是關係，因為一切事物都是能量。

你總是在關係之中。當我們使用「關係」一詞時，你通常想像的只是人與人之間的關係，但你與動物、與樹木，甚至與無生命的物體，也有關係。當我們談到人與人的關係時，因為它涉及到自我，它變得比較像是給予和拿取的關係。任何涉及「自我」的事物都有循環性。

有的關係會帶給你喜悅、快樂，而有的關係則不然。驗證這一點最好的辦法，就是看見你內在的狀態，並沉思哪份關係給予你能量，而哪份關係則沒有。請瞭解，在沉思的過程中，並不意味著你評判、譴責或分析其他人的行為或那份關係。這不是關於其他人，而一直都是關於你。

對於那些你感覺到沒有給予你能量，也放不掉的關係呢？你必須處理它。

試著看見傷痛、障礙、你的嫉妒、不安全感、你在那份關係中創造出的影像，以及最重要的，看見你的「自我」是如何運作而破壞那份關係，試著去改善那份關係。在合一教導中，我們總是要求你改善關係，這是內在的工作。你如何在外在處理，是取決於你的情況；而改善關係是內在的工作。你需要開始看到你內在的傷痛、負荷、嫉妒、不安全感，並與它們待在一起，經驗它們。然後事情就會自動轉化。所以這是內在的工作。

如果有傷痛、痛苦和憎恨，這在於你的內在，不在於其他人。當你說某個人讓你感到不舒服，這意味著你對自己的某個方面感到不舒服；當你說你對某個人感到憤怒，這意味著你對自己內在的某個東西感到憤怒；當你在人群中躁動不安，這意味著你自己內在是躁動不安的。發生在外在的事情，不過是反映了發生那些在你內在的。因此，最好的方法就是與它們待在一起，全然去經驗它們。你在外在要如何處理，則是依據情況來進行與決定的。

許多人來到合一大學療癒他們的關係。在課程之後，他們打電話給親愛的人；如果對方也在這裡的話，他們會互相擁抱，在喜悅中舞蹈。因為當療癒發生時，愛就會自動存在。而愛必須被表達。你如何表達愛，取決於你。不過，如果你內在有傷痛，只在外在擁抱彼此或說深情的話，是沒有用的。

關係始終是雙向的能量交流。即使你放掉它，你們的關係仍然存在著，只是你們與彼此連結的方式改變了。最好的朋友有時會成為敵人；深愛的伴侶有時會分開，不想再看到對方的臉。他們與彼此連結的方式改變了，但關係仍然存在。過去有愛的關係，現在有憎恨和傷痛，這可能有許多的理由，這就是為什麼你無法改變對方，同時你也無法控制別人對你的感覺。因此，你自己對他們有什麼感覺是最重要的。

如果你有很多的傷痛，與傷痛待在一起，將那份傷痛轉化為喜悅。然而，當你在內在與外在都試著去改善關係時，如果這份關係仍然無法給予你喜悅，那麼你可能就要放掉它。放掉關係，你只是改變你與那份關係連結的方式，關係仍然存在。畢竟無論在關係中有什麼二元性和分裂，它都是頭腦，以及頭腦的影像和自我。頭腦一直都想在一份給予你快樂、最大舒適和以快樂為基礎的關係中。但當關係中有合一時，你與那份關係就會和平共處，而且在毫無原因的喜悅之中。無論發生了什麼，它會持續給予你能量。一旦你強烈的意識到你的「自我遊戲」，一旦你的心全然綻放了，所有的關係都會自動給予你能量。

宇宙是不斷變化的，所以你不能期望一個人在一生中一直都是相同的。你最愛的人也可能帶給你痛苦。生命也是如此，生活並不總是快樂的時刻，而要經驗生命中所有的跌宕起伏，你必須接納它。你要不是回應，就是反應生活中的情況，這就是為什麼生命就是關係。無論痛苦或快樂，都是一種能量，就是去經驗它。

●如何化解負面的情緒和思想？

你必須進入一種能夠持續去「看見」的狀態。當看見發生時，所有的痛苦就終止了。舉例來說，當你處在一個黑暗的房間中，裡面有一條蛇，你很害怕，恐懼的顫抖；突然有人拿手電筒來，讓你看到這不是一條蛇，而僅是一根繩子。在你看到它是繩子的那一刻，恐懼立刻就消失了，不用花時間、努力和能量，你立即解脫了。這就是我們所說的「看見就是解脫」。與此類似的是，無論你的內在發生的是什麼，如果你看見了，就會立即得到解脫。無論是情欲的思想、謀殺的思想，或任何的思想，如果你能看見你內在正在發生的，你都將充滿喜悅與自由。

你有什麼思想並不重要。重要的是，你是否能「看見」正在發生的一切？在合一教導中，最重要的是瞭解到：你頭腦中的內容一點也不重要，內容可以是任何的東西，可以是暴力、憤怒、憎恨、嫉妒、沮喪、恐懼。我們不關心是什麼思想、感覺或情緒，因為我們不去改變它，不做改變的努力，而是覺知到你內在所發生的一切。不要試著對它做什麼，你也無法對它做什麼，它就是在那裡。

你無法戰勝你的嫉妒和憎恨，你會失敗的。你可以控制它，但你可能會生病。你沒有辦法做任何的事情。它們在那裡，你在這裡，僅此而已，沒有問題。但如果你開始逃跑，或開始抗爭，就會造成問題。它們在那裡，就像你的呼吸、消化系統或免疫系統，就是在那裡，僅此而已。

不要漠視它，而是強烈的覺知到它。當你覺知時，經驗就會自然的發生，你就會如實經驗真實發生的事情。處理這些情緒的唯一方式，就是強烈的覺知。覺知，是解決源自於無意識的所有問題的關鍵。頭腦的內容是什麼永遠都不重要，它可以是任何的東西；你有沒有覺知到它，才是重點。

●如何消除嫉妒？

當你覺知時，這能量就會摧毀嫉妒。因為當你覺知時，就會看見嫉妒不是個有益的遊戲，它緊緊抓著你，浪費你的能量。你基本上是個很好的生意人，誰會做不利於自己的事情？因此，當你覺知到嫉妒時，就可以清楚看見嫉妒在摧毀你們的關係、摧毀你的能量層次、對你沒有任何的好處。當你看見時，你就自由了。

當你有嫉妒、憤怒或憎恨時，你的覺知就像是一支手電筒，你打開手電筒照在上面，就會看見它到底是什麼、是什麼造成的。它會訴說自己的故事，你就會知道關於嫉妒的整個事實。一旦你知道了事實，就會看見嫉妒是如何摧毀你的，然後嫉妒立即就消失了，因為頭腦不會做不利於自己的事情。這就是為什麼我說不需要花時間、能量和努力。唯一需要的是你的覺知。覺知在稍微練習後，就會逐漸變得自然且容易。

●如何清除影響生活的內在驅力？

這些驅力就是傷痛，它們占有你，利用你的生命來使自己生存。我們可以用一些方法來處理這些驅力或傷痛：

1. 練習看見自己的內在，可以釋放這些傷痛。
2. 觀察貼標籤的過程。

以小孩為例，當小孩看著一棵樹時，他不會將它貼上「樹」的標籤，他沒有貼標籤的過程，只是看著樹和經驗樹，不會稱它為芒果樹或蘋果樹，他只有對樹的經驗。我們經常會貼上標籤，說：「這是我的驅力，這些是我壓抑的情緒，這些是我的負面情緒。」這就是我們描述傷痛的方式。但如果我們能看見自己所造成的損害，或因為將它們貼上標籤，而給予它們的力量，那麼我們就可能漸漸的不再為它們貼上標籤了。一旦驅力或傷痛不再被貼上標籤時，它的力量就不會持續很久。

我們必須密切觀察大腦中的貼標籤過程。大腦因為不斷為它們貼上標籤，而強化所有這些傷痛；因為為它們貼上標籤，而使它們變得活躍。如果我們能稍微停止為它們貼上標籤，會發現它們立即就失去了力量。

傷痛雖然存在，你要持續觀照著它們。當傷痛被持續觀照時，就會喪失力量，這些傷痛就不會再對你造成任何的問題了。看見你的內在，以及觀照「貼標籤」的過程，最棒的部分是可以使你覺醒。一旦你走出了頭腦，頭腦雖然仍然存在，頭腦中仍然有傷痛和制約，但你可以看見它們，以及看見它們的運作，你就成為了主人，或「觀照意識」成為主人，頭腦就喪失力量了，就是做它該做的事情，不再造成很大的危害。雖然傷痛仍然存在，但不會再困擾你。當你覺醒時，就會強烈覺知到你的傷痛。當你覺知到你的傷痛，它們就不能再利用你了。

●覺知的關鍵是什麼？

頭腦就像一條河流，一直都在流動，隨時都在改變。不同的人格不斷湧現，出現又消失，情緒也不斷出現又消失，就像一片巨大海洋中的波浪升起又落下，這一直在發生著。你無法控制它和克制它。你如何控制或克制活生生、動態的事物？你只能覺知到它，注意到它。如果你說：「這是壞的，那是好的。」那就是沒有覺知。如果你有覺知與注意，事情就會自然的發生。

第一步是覺知，最後一步也是覺知。覺知是一切，也是一切的結束。開始是覺知，中間是覺知，結束也是覺知。覺知不是達到目的的手段，覺知本身就是目的。覺醒的人，不會尋求任何的目的。他就是覺知到天空中的鳥，覺知到其他人，僅此而已。現在你在白日夢的狀態中，你一直都卡在思想造成的衝突中。你在某個地方，卻試圖去到另一個地方，這是思想的流動，你卡在之中。這就是為什麼你不是活著，只是生存著而已。你不是活在過去，就是活在未來。你只是存在著，沒有在生活。只要你卡在思想框架中，你一點也不是活著的。思想必須停止，這意味著頭腦的停止，而你就會從過去和未來解脫。唯有那時，你才會開始生活。

覺知是第一步也是最後一步，覺知不會將你帶到任何地方。請瞭解這點，覺知是一切，也是一切的結束。覺知就是覺醒。你不要以為你覺知了，就會到達某個地方。你不會成為什麼，可能的只是純粹的覺知。如果你有覺知，你就在天堂中了，僅此而已。對於生命沒有別的，就是覺知。可以是對樹有覺知，對鳥兒有覺知，對妻子的嘮叨有覺知，或看見自己內在的，這都沒有差別。如果你能覺知到妻子對你的嘮叨，或丈夫對你的嘮叨，這與聆聽鳥兒，或聆聽流水聲都是相同的。它是純粹的喜悅。這一切就完成了。

●如何培養覺知？

基本上，你必須從對身體的覺知開始，可以是平常我們相當無意識的身體活動，我們通常以習慣性進行身體的活動，例如刷牙。你在清晨刷牙時，是機械性的進行。你必須以很強烈的覺知來刷牙，感覺牙刷刷過你的牙齒、牙齦，感覺它所產生的感覺。接著是你的清晨沐浴，強烈去覺知水如何流過你的身體，身體所產生的感覺。平常你做這些時都是習慣性的，沒有覺知到正在發生的事情。你現在可以覺知到它。在飲食時，也是如此。頭腦往往使你在飲食時分心，你現在可以專注在食物上，它的味道、它的質地、它的氣味。以走路為例子的話，你可以覺知到身體讓你行走時牽涉到的複雜事情，肌肉是如何運作，手與腿是如何移動。你可以開始觀照這一切。或是這些事情所發出的聲音，你是不是有注意到聲音，還是分心了。

最理想的覺知，是從你已經習慣的身體活動開始。如果你將覺知帶進這些事情，你就會得到嶄新的體驗。另一件你可以嘗試的事情是，彎下你的頭，從你的兩腿之間，上下顛倒的看。你也會感覺自己開始以不同的方式觀看事物，習慣就被打破了。

覺知的關鍵，一是做你平常做的事情，但強烈覺知到它們；另一則是打破習慣。例如，如果你習慣在晨間散步，改成晚間去散步，就有可能打破習慣。另一件你可以做的事情，是去你從沒去過的地方，頭腦會發現很難與它產生關聯，這就會打破模式。你可以去市場、繁忙的地方，也可以是任何地方，只要是某個新的地方。這對於你的頭腦是個挑戰，因為你對新地方不習慣。

如果你可以每天練習四十九分鐘左右，也可以是七分鐘的倍數，例如十四分鐘、二十一分鐘。像這樣以七分鐘的倍數練習二十一天，奇妙的，大腦就會打破沒有覺知的習慣，開始變得越來越有覺知。接著，你可以將那份覺知逐漸向內移動，就會覺知到自己內在所發生的一切。除了覺知，沒有什麼太多需要做的，其餘都是自動的。

●如何提高專注力？

在合一教導中，我們做的是完全相反的事情，我們不會試圖控制思想，因為一開始我們就不相信有個控制者存在。對我們來說，控制者是個幻象。「我」並不存在，那只是個幻象。當幻象消失時，你就會覺醒或開悟。因此，我們沒有控制者存在的概念。我們只要求你，請持續觀照你的思想。奇妙的是，當你持續觀照你的思想時，它就不會打擾你了，然後你自然可以專注。譬如，當你專注在某個物體上時，因為你現在觀照著你的思想，思想就會減緩下來，不再打擾你。當你以很專注的方式觀照著思想，專注自然就會成長。

對我們來說，專注是個「發生」。如果你努力專注的話，這也沒有什麼不妥，這是接近頭腦的意識的一種方法。但合一教導的方式是不同的。因為大量的將焦點放在覺醒與開悟上，這種專注反而成為覺醒的障礙。對於某些目的來說，專注是好的，但它不能幫助你覺醒。因此，我們做這種覺知，你自然會專注，然後就能覺醒。你現在必須學習觀照自己。整個合一教導，就是關於觀照自己。與你內在的狀態待在一起，這就是合一。

●如何平息頭腦的喋喋不休？

在你的內在，有一群群眾，你是某人的父親、某人的兒子、某人的母親、某人的兄弟、某人的教練、某人的雇主。在你內在有這麼多的人格，它們一直都在對話，這是內在的喋喋不休。如果你看進自己的內在，只有喋喋不休一直在進行著。學習與自己內在的狀態毫不費力待在一起的藝術。一開始學習這門藝術時，你必須努力做到這一點，然後逐漸的，就會變成毫不費力。

奇妙的，當你意識到這種對話時，對話就停止了。當對話停止時，你就超越了思想。「終極」、「真理」、「神」、「無條件的愛」……所有這些詞彙，都是指超越思想的事物，思想無法捕捉它，因為思想是機械性、重複性的。思想本質上是過去流經現在，再進入未來，所以你必須超越思想。如果你要與「神」面對面，或真正經驗到無條件的愛、無限的喜悅，你必須超越思想。當你有強烈的覺知，在關注的熱度下，對話就停止了。當對話停止時，思想就停止了，所有的衝突就停止了，頭腦就會變得非常安靜。在這時，就會有很大的祝福。

●該做什麼來處理內在的問題？

「做什麼」是個錯誤的問題。沒有什麼要做的，只要保持安靜，然後每件事情就會發生。問題是你一直試圖想做些什麼。在外在世界，你必須做事情，這是必要的；但問題就在於，你在內在世界也做著同樣的努力。在內在世界裡，你必須放下努力，它必須是毫不費力的、自動的。事實上，如果你在內在世界裡，不再做任何的事情，就可以非常迅速的移動。問題就在於，我們一直都在努力，而在內在世界沒有什麼需要做的。不過，要注意一件事情：什麼都不做並不意味著「冷漠」。前一陣子，我們有位指導老師與一位年長的佛教師父談話。

這位佛教師父說：「你們似乎在人們內在帶來轉化，人們一直來告訴我這點。但為什麼呢？三十年來我一直都試著這麼做。」

指導老師說：「是的，但你無法與人們連結。」

「你這麼說是什麼意思？三十年來，我修行禪，我是個非常超然的人。」

「你不是『超然』，你是『冷漠』。超然是自然發生的，但你在練習冷漠，這是個混淆。」

同樣的，這裡所謂的什麼都不做，並不意味著冷漠，而是覺知到你內在所發生的一切。完全專注於發生在自己內在的事情，就像是一條專注於獵物的蛇。強烈的覺知到它，不是冷漠，而是要非常的清晰。就是專注在它上面，看見你內在發生的事情。你做了輕微的改變，然後就會很迅速前進。

第三章　接納自己真實的樣子，衝突就消失了

曾有一群猴子坐在一起討論。「人類是如此強大，他們征服了陸地上與海洋中所有的物種，甚至征服了月球。我們要找到人類力量的祕密。」

一隻猴子說：「我想我知道人類的祕密是什麼。他們在滿月的神聖日子裡禁食。結束時，再向他們最喜愛的神祈求利益，而神會賜予他們。這就是人類力量的祕訣。」

每隻猴子都對於可能獲得新力量而感到很興奮，決定禁食到第二天。猴王預先警告其他猴子：「記住這條規則：任何猴子都不可以看著樹上的水果，否則可能會被誘惑。你們的視線要固定在地面上。」所有猴子都遵循了指令。

幾分鐘之後，一隻猴子說：「我們可以盯著荒蕪的地面多久？我們的確不應該看著水果，但我們可以享受廣闊天空、瀑布與大自然的美麗啊。」所有猴子都

同意牠的話，開始欣賞周圍的美麗景致，目光試圖迴避樹上的水果。

「看水果有什麼危害嗎？畢竟我們不會去吃它們。」另一隻猴子說。大家覺得這句話很有道理，於是樹上水果也包含在牠們觀賞景致的項目中了。當猴子們觀賞這幅水果的自然風景時，接下來十分鐘是一陣躁動不安的沉默。

「如果我們明天完成禁食後，沒有足夠的力氣去拿這些水果，怎麼辦？我們為什麼不坐在果子前？」大家馬上就照著這隻猴子給予的聰明建議這麼做了，所有猴子都衝到最近的果子前，繼續觀賞大自然風景。

飢餓感慢慢開始在牠們空空的胃中蔓延。「當我們所有的能量都耗盡時，如果這些樹枝上都沒有成熟的水果，我們必須去尋找另一棵樹。我們為什麼不選擇成熟的水果，然後坐在那些樹枝的附近？」對啊，沒有猴子想到這個！大家為這隻小猴子的深思熟慮拍了拍牠，然後急忙尋找成熟的水果，占據那些樹枝。

現在牠們的胃已經開始咕嚕咕嚕叫了。「如果水果不美味或有蟲的話呢？這樣我們就必須去尋找其他的水果。」另一隻小猴子大聲說道。

猴王在經過短暫的沉思之後，說道：「好，也許我們可以品嚐一下水果的味道，但要記住，任何猴子都不可以吞下水果，要馬上將它吐出來。」

所有猴子都興奮的跑到樹枝末端，摘下水果，咬一口，然後很快的吐出來。但有些猴子「不知不覺的」將水果吞了下去。猴子們手中拿著水果，面面相覷，希望有猴子可以說些什麼。

然後一隻猴子說道：「為什麼要冒險？讓我們今天先吃飽，明天就可以毫不費力的禁食一天。」大家都一致同意了，紛紛撲向水果。

儘管事實是猴子想吃水果，但牠們無法面對這個事實，於是虛構出各種的理論和解釋，相信它不是這樣的，並一再淹沒在自我滿足之中。人類也在類似的情形中，一個人說的一百個謊言中，有九十個謊言都是對自己說的。人的頭腦無法活在罪惡感中，因此他創造出謊言，然後再不斷的對自己重複謊言，直到他相信了謊言。人類生活中所有的問題，無論是內在問題，還是外在問題，都肇始於無法面對自己真實的樣子。

覺知到自己設計的各種遠離真實的逃避系統。就像一條蛇溜進你的房間，你把房間中各種可以逃脫的洞都堵起來時，你就能抓到蛇。

每當你想著「從今以後」，這就是第一種逃避方式：「延緩」。你不去面對你的無情，你反而決定「從今以後，我要成為仁慈的人」。你將事實隱藏在地毯底下，對未來做出投射，自以為開始了朝向仁慈的旅程。然而，這並不是真實的。

每當你想著「因為」，這就是第二種逃避系統：「解釋」。「我很冷漠，是因為……」、「我叫他難聽的綽號，是因為……」、「我拿了不屬於我的東西，是因為……」等等。這些各式各樣的理由，讓你不去看見你在逃避自己的貪婪、誘惑、恐懼與缺乏愛；你成功的粉飾謊言，並不斷對自己說這個謊言，直到謊言看起來像是真的。

每當你想著為某件事物「貼標籤」時，這就是第三種逃避系統。例如，「我是衝動的」、「我的脾氣不好」、「我是卑鄙差勁的」……這些標籤，描繪了內在的思想過程或行動的特性。你將它說出來，但沒有看見它。「貼標籤」與「看見」有天壤之別。「貼標籤」是屈從；而「看見」則是接納。「貼標籤」是個思想負擔；而「看見」是寧靜。在「貼標籤」中，思想持續存在著；而在「看見」中，思想讓給了經驗。

●我經常覺得自己很糟糕，很難愛自己，怎麼辦？

每個人都有可以稱為「負面自我」的部分，每個人都有負面的一面。舉例來說，你沒有說過謊嗎？有這麼多的謊言，每個人每天平均有六十個謊言。任何人都是如此。但你願意接納自己是個騙子嗎？不，而且有時是預先計畫的謊言，因為你為了生存。我不是在譴責你，只是想告訴你在發生的事情。但你願意看見這個嗎？你不喜歡看見它。你喜歡那方面嗎？不，你不喜歡它。你表面上說：「喔，我好愛你，祝福你。」但內心卻充滿了憎恨。你可能內在有很多的恐懼，外在卻表現得很勇敢，說得很勇敢。

對於所有你展現的形象，都有負面的對應物。沒有任何事物是沒有負面的對應物。你有嫉妒、憤怒、憎恨、暴力、欲望。你可能是世界上最平靜的人，對某個人說：「我祝你好運。」卻暗中策劃他人的死亡，偷偷希望貨車輾過他，將他摧毀。

我們將這負面的一面塞到地毯下，藏在那裡。在無意識中，它在那裡發臭了，這對你造成了所有的麻煩。當我們說「愛自己」，我們說的是：「愛這個糟糕的東西。」你討厭它，憎恨它，害怕它，不喜歡它，假裝它不存在；但它在那裡，是你的一部分。世界上沒有人沒有這負面的部分，這是不可能的。什麼樣的人是偉大的人？聖雄甘地、拉瑪那馬哈希、佛陀。他們基本的旅程是什麼？他們知道這部分的存在，他們接納它，愛它。而你沒有看見它，沒有接納它，沒有愛它。你一直都在逃離它，或假裝它不存在。

在靈性的旅程中，首先和最重要的是，挖掘出所有這些東西，移開地毯，將它找出來。它在那裡，在支配你，毀壞你，這是在發生的事情。你必須將它挖掘出來，與它達成協議。我們不能對它做什麼。那裡有汙染，空氣受汙染了，意識受汙染了。它在那裡，你只能假裝好像它不存在。

而靈性的旅程是，你首先說：「是的，我是這個。」並面對它。然後你就會看到奇蹟發生，奇蹟就是你發現它是什麼。這就是我們說的「愛自己」。

●為什麼我們必須面對自己的陰暗面？

靈性成長的整個過程，就是面對你自己。如果你沒有面對自己，就不會成長。唯有當你面對自己，知道自己是誰時，才會成長。除非你知道自己是誰，否則你不能接納自己；如果你不能接納自己，就不能愛自己；如果你不能愛自己，就不能愛其他人。一切的靈性成長就停止了。因此，你必須學會面對自己的陰暗面。

你所能做的是，看見自己的內在是什麼。首先，你不知道自己的內在是什麼，因為一直以來你都在逃避它。實際去看見，是一件令人痛苦的事情。看見你的羨慕思想、你的嫉妒思想、你的恐懼思想、你的焦慮思想，這並不是一個很好的經驗。因此，你一直都在逃避。這是人類唯一的問題。我們告訴你：「轉過身，面對它，看著它。」也許你會說：「好，讓我來試試。」最初這可能很困難，但你很快就會瞭解到這是很吸引人的，實際上看見內在是一件很棒的事情。

當你看見你的陰暗面、你的負面性，奇妙的，你就會停止譴責。因為你知道這是真實的。隨著這點，喜悅就會來臨；隨著喜悅來臨，很快的，你就會發現衝突完全消失了。不是你的負面性消失了，不是你不再嫉妒、不再憤怒、不再恐懼，不，不，不，不是這些東西。而是你在生命中第一次可以說：「是的，我是這個，我不會感到羞愧。那是唯一真實的，我是如實的。」這時你就在靈性上邁出了第一步，同時也是最後一步。此後，一切都是自動的，不需要師父，不需要教導，這是完全自動的。

●如何面對自己虛假的一面？

許多年前，我在一個地方工作。有個員工辭職了，同時間園區剛好有東西失竊，大家有點懷疑是他偷走的，但沒有證據。幾個月之後，我去他家拜訪，在那裡發現了那件東西。但它與被竊失物的外觀並不一樣，所以我只是看著它，沒有特別的興趣，就是看著它。

我聽到他與妻子交談。「我們得到的東西多棒啊！那人真好，幫我們弄到這個。」他們年約六、七歲的兒子原本在外頭玩，當他進屋子時，正好聽到父母的對話，男孩說：「你們真可怕，為什麼要撒謊？你們偷了那裡的東西，又將它重新上色，說是在這裡買的。」我聽到他們的對話。他們擰了兒子的耳朵，又打了他一下，要他去其他房間玩。我將臉轉到另一側，不讓他們感覺我聽到了他們的對話。

這男孩就像是你的真實自我，他說出你知道的真相，這就是一直在困擾他們的事情。他們有個不真實的自我在說話，試圖掩飾整件事情。這就是我們一直對生命所做的，我們對自己的妻子、丈夫、孩子、同事，都做著這樣的事情。在我們所有的關係中，我們都不是完全真實的。

我們經常在運作的都是不真實的自我。例如，有個你不喜歡的人來到你家，但你說好聽的話歡迎他。那是不真實的自我。真實的自我是：「我不喜歡那個人。」但說好聽話歡迎他的你，是不真實的自我。如果你很仔細的觀察，會發現經常活躍的都是不真實的自我。無論是與你的朋友或同事相處時，甚至是與你的家人相處時，經常都是不真實的自我在運作。

問題就在於，你沒有看見自己內在的對話。你內在的不真實自我，很害怕你的真實自我。這就是問題所在。這是持續在每個人內在進行的戰爭。但我並不是要求你成為真實的，你就是看見你內在所發生的一切。你不應該控制你不真實的自我，這樣你一定會陷入麻煩。只要覺知到自己內在發生了什麼。如果你不喜歡你的老闆，你不應該告訴他：「老闆，我不喜歡你。」你必須說好聽的話，做出不真實的行為，但要覺知到你內在真正發生的是什麼。

● 如何培養愛與慈悲？

合一教導是關於與事實待在一起。事實是你與神沒有連結，事實是你沒有慈悲，事實是你沒有愛。合一教導說的是，看著事實，與事實待在一起，什麼都不要做。這是「什麼都不要做」的教導。例如，合一教導並不相信培養美德。培養就是：你沒有愛，但你練習愛；你沒有仁慈，但你練習仁慈；你沒有真實性，但你練習真實性。透過培養的，一點都不是真實的。你不是有愛，就是沒有愛。合一教導談的是，真正的真實性、自然的真實性、自然的慈悲、自然的愛、自然的仁慈，任何你所想要的。你該如何得到呢？透過看到它不存在的事實，這就是事實。事實具有它的力量。

●如何改變自己內在的醜陋特質？

你譴責它為醜陋的，說它必須改變。這些都是錯誤的問題。如果你說：「這是糟糕的、壞的，那是好的。」那就沒有覺知，因為你已經在評判它了。當你開始評判時，頭腦就在發揮作用了，因為頭腦不過是思想的流動，而思想就是衡量，所以它一直都在比較：「這不應該存在，那必須發生。」於是你就卡住了。

合一教導說：「就是覺知到它們。」僅此而已。無論你看見了什麼，或發生了什麼都不重要。我所要告訴你的是，請不要嘗試去改變它，你就是看見那裡有什麼，不去評判它的好壞、正確或錯誤，或解釋說：「我該改變什麼？我還是以自我為中心，我還是醜陋的。」就是看見發生了什麼。你內在是活躍的，一刻一刻的，一直在改變，就像海洋一樣活躍。海浪來來去去，起起伏伏，新的波浪出現，舊的波浪消失。同樣的，思想出現又消失，情緒出現又消失，人格出現又消失。整個生命的戲劇都在你內在發生著。你就是宇宙。

我們只是說，請不要譴責它，也不要試著去改變它。那裡有自私，是的，這不是你的自私，也不是他的自私，就是自私而已。有痛苦存在，這不是你的痛苦，或他的痛苦，就是痛苦而已。無論是你有痛苦或他有痛苦，我們都是合一的。幾百萬年來，這痛苦一直和我們在一起；直到大腦改變之前，它都會一直如此。因此，你是自私的。是的，這就是真相。這是我們在集體意識中擁有的，它就是在那裡。我們已經收集這些數百萬年了，我們無法對它做什麼。

看見什麼在我們的內在發生，不評判、不譴責，也不提供解釋，就是看見什麼正在發生。但問題就在於你常對自己說謊，一再對自己說謊，因為你不希望看見在你內在的東西，認為它是醜陋的。但你與它無關，它就是在那裡。那是事實，你能對事實做什麼嗎？你不能篡改事實，事實就是那樣。是的，你是自私的，但為什麼你要稱它為「自私」？為什麼你要為它貼上「自私」的標籤？為什麼說它是「壞的」？它就是在那裡，你沒辦法控制。

當你深入一些，這一切都會變得自然、變得自動，也沒有改變的需要。當你越來越深入時，就會變得越來越容易。它會變得令人非常愉快，因為衝突消失了。

●我們需要說出自己內在真實的感覺嗎？

練習說出內在的真實，適合那些不會在別人身上找缺點、不會對別人生氣、不會嫉妒別人，以及能接受後果的人。說出內在的真實，是非常強而有力的工具。你必須非常謹慎的運用。它不僅是說出事實，而且是不帶任何恐懼的說出事實。你現在可能無法總是做到這一點。在這樣的情況下，我們不建議你說出內在的真實。當你說出內在的真實時，它是非常強而有力的工具。但如果你沒有準備好的話，它也是很危險的。

我經常說：「當你還未開悟時，不要表現得像個開悟者。當你不是聖雄甘地時，不要表現得像聖雄甘地。」當甘地面對英國警察的子彈時，子彈從來沒有真正擊中他。甘地可以面對英國警察，面對子彈，面對每件事情，但什麼都不會發生在他身上，因為儘管英國是殘酷的統治者，甘地從來沒有對英國人感到憤怒。因此，當他站在英國警察的面前時，什麼都不會發生在他身上。然而，如果有人試圖表現得像甘地一樣，子彈馬上就會擊中他。因為你的恐懼會吸引子彈擊中你。當你不是真的擁有力量與勇氣時，你就不該表現得像是你有這些。

佛陀也是如此。佛陀曾遇到一個叫做鴦掘摩羅的惡名昭彰罪犯。鴦掘摩羅經常砍斷人們的頭，切下他們的手指，將手指像花環般穿戴起來。有一次，佛陀與他在路上相遇。人們一看到鴦掘摩羅就逃跑，甚至還會暈倒，佛陀卻靜靜的走向他。鴦掘摩羅很震驚他對佛陀沒有產生影響，最後，鴦掘摩羅成為佛陀的弟子。這是因為佛陀沒有恐懼和憤怒，所以他能做到這一點。但如果一個人對鴦掘摩羅感到恐懼或憤怒，鴦掘摩羅會馬上將他殺死。如果你沒有恐懼，當你接觸騙子和罪犯時，罪犯也不會傷害你。但如果你充滿了恐懼，卻為了練習說出內在的真實，而對罪犯說「歡迎」，這是非常危險的。

有個人來參加印度合一大學的課程，他在這裡學到了「說出內在的真實」的教導，卻忘了我們給予的戰略性警告：「除非你有這麼做的勇氣，否則不應該練習這個。你不只是要說出事實，還要說出內在的循環。你必須從內在發現，然後再將它說出來。」後來，這個人走進他老闆的辦公室，告訴老闆：「老闆，我不喜歡你。」

老闆說：「很好。」

他說：「你看，你是個騙子。」

老闆說：「滾開，別來煩我。」

他說：「我知道所有你幹過的腐敗勾當。」

老闆對他說：「不要再說了！」

他又說：「我一直很腐敗，我也是腐敗的。」

老闆當場就將他開除了。

他去質問指導老師這個教導：「你們給這什麼教導啊？我以為在這之中有力量，我卻丟了工作。」

我們糾正他：「力量不是來自於事實，而是來自於內在。如果你有勇氣，那就要說出來。但如果事實對你來說只是個概念，就不該說出來。」我們修正他的作為。大約四星期之後，他就在杜拜找到了一份新工作，在新工作中表現得很好。

你只能舉起你能夠承擔的重量，而不該去舉超過你能力所及的重量。你到何種程度，可以誠實，不會被傷害。但如果你不能承擔，就不該這麼做。如果你可以承擔，就必須這麼做。你必須來自於內在的情況，你內心必須有個深刻的信念：「如果實踐了，這會有驚人的力量，因為頭腦停止做白日夢了。」頭腦一直都在玩概念的遊戲，建構情緒、思想和感覺。它是一部無法安靜下來的機器，一直都在建立東西，你可以發現很多的東西，它們都被頭腦聚集在一起。在這之中沒有事實，沒有根據。當你練習說出內在的真實時，這部機器就會減緩下來，頭腦就會變得非常安靜。

唯有當你有力量時，才能練習說出內在的真實；否則的話，你不應該練習這個。因此，說出內在的真實，只能由一個高度成長、沒有自我中心利益、克服了許多內在憤怒與激憤的人來練習。這樣的人可以練習說出內在的真實。仍然有內在問題的人則不能練習。

●看見自己的內在，對生活有什麼幫助？

你的生命完全被你的程式所控制著。你的程式來自於你的前世、受孕時、在子宮內發生的事情、你如何被分娩、誕生後六小時內，以及到自我形成時，也就是分離感形成的時刻。這就是程式。這成為了你的生活。你將賺多少錢、將罹患什麼疾病、你的生命中將發生什麼事件、你將與誰結婚、有幾個孩子、你的婚姻生活將會如何……一切都受控於這個程式。

如果我們要改變你的生命，就必須改變這個程式。當你練習看見自己的內在時，這些問題自動就會被導正，你的生命就會改變。你的財務問題、健康問題、關係問題，和其他所有的問題，都會開始逐漸的化解。這就是為什麼我們不斷強調必須練習看見你自己的內在。它不僅可以解決你的世俗問題，也可以幫助你覺醒、幫助你解脫。

什麼在你內在並不重要，重要的是，你能看見你的內在嗎？你生命中的每一刻都將成為喜悅的，你在生命中就不會再渴望其他事物了，你不會說：「我要這個，我要那個。」就是看見在自己內在發生的事情，這就是生命的一切了。

因為你沒有看見自己的內在，所以你覺得無聊，感覺生命沒有意義和目的。因此你想要這個，想要那個，創造了許多的欲望。但如果你確實看見自己內在所發生的，你是如此的喜悅，你在生命中就不再需要任何其他事物了。你可以是個乞丐、可以是個痲瘋病人，你可以坐在排水溝裡，但你就是享受著生命的每一刻，不需要金錢、名譽、聲望，什麼都不用，甚至不需要安全感，你也不會懼怕死亡。

奇妙的，生命會照顧你。所有真實的人，他們都被生命或神照顧著；而不真實的人則會死亡。如果你是真實的，你沒有食物，食物就會來到你身邊，它會以某種方式發生，你會以某種方式得到幫助，你會去到你想去的地方，你的生命變成了奇蹟。因為你不是真實的，這些事情就沒有在你的生命中發生。不過，不要試著成為真實的，而是你必須真的很真實。唯有那時，奇蹟才會發生。唯有那時，你才會成為一個偉大的存在，然後祝福就會降臨到你的身上，你所說的一切都成為了事實。為什麼你們會卡住？因為你是不誠實的，因此不真實。你從未真正看見自己內在發生的事情，因此你需要外在的事物持續的發生。

第四章　頭腦阻礙我們經驗和享受生活

兩個僧人居住在河岸邊，遵行著嚴苛的修行與長時間的靜坐。有一個夜晚，兩個僧人要渡過河流到對岸去。這時，他們看見一個年輕女人在河岸附近哭泣。僧人向前詢問，得知她是一個蔬菜小販，有個嬰兒，家在河的對岸。因為河水暴漲，她無法跨越河流。她懇求僧人幫助她回家，否則她的孩子就要挨餓了。

其中一個僧人將她背到河的對岸，她謝過他之後就匆忙進入村莊。另一個僧人則從遠處看見了這一切。後來他們又繼續上路，沿途穿越了美麗的樹木、色彩斑斕的花朵、景色秀麗的山脈、瀑布與鳥兒啁啾的森林，眼前所見盡是賞心悅目的景致。

當他們抵達休息的地方後，另一個僧人忍不住問道：「你怎麼可以做這種事？」

「什麼事？」僧人納悶的回問。

「你竟然把一個年輕女人背在肩上，你難道不知道這違反了僧人的戒律嗎？」

第一位僧人沉著的回答：「我在河岸邊就已經把她放下了，你怎麼還背著她呢？」

生命唯一的目的，是經驗每一個當下。但是，頭腦沉溺於過去或未來的不必要思想中，沒有活在當下。即使事件結束了，我們依然在內在與傷害我們的人爭執著。觀察一下自己的思想過程，很容易就能瞭解到，痛苦就是過去的事件殘留在頭腦中。舉例來說，兩個從小就很要好的朋友，因為一場嚴重的誤解而激烈爭執，從此就分離了。爭執本身不過是謾罵，但事情並沒有就此結束，無論在煮飯時、工作時、看電視時、聚會時，事件依然煩擾著頭腦。

對於未覺醒的人來說，生命是機械性與重複的，因此令人厭煩。而覺醒的人經驗著一切，這使他的生命豐富、永恆、始終新奇。覺醒的人可以享受吃冰淇淋，而未覺醒的人無法享受，因為他忙著詢問各種的問題：「這冰淇淋是誰做的？來自哪間工廠？是哪隻牛的奶？牛吃什麼牧草？」

全然在經驗生活的人，不會詢問「生命的目的是什麼？」。因為，他就是經驗著生活。

●頭腦如何干預我們對生活的體驗？

當你經驗事物真實的樣子時，你就是在生活。但頭腦不允許生活發生。為什麼？因為頭腦一直都在貼標籤、評判，並試圖將其轉換到記憶中。頭腦永遠不允許你實際經驗任何事物。當你喝水時，你沒有在經驗那杯水，因為頭腦持續運作著。你想著昨天發生的事情，明天會有什麼事情，擔心或享受某件事情，但就是沒有在經驗喝那杯水。當你吃東西時，沒有經驗正在吃的東西。當你刷牙時，沒有經驗正在發生的事情。只要頭腦存在，我們就無法經驗任何事情，生命中的一切你都無法經驗。

每當頭腦在控制時，你就沒有在生活。每當頭腦不存在時，你才能真正的在生活。這就是為什麼當人們問我：「生命的目的是什麼？」我的回答是：「如果你在生活，就不會問這個問題。」生命的目的就是生活，過著感官的生活。感官必須是獨立，免於頭腦的。而現在發生的是，你並沒有在經驗現實。現實，對你來說，就是流過感官的一切；你卻一直在詮釋流過你的資訊。你看著一棵樹，說它是一棵大樹、小樹、綠樹或芒果樹，一直在評論。只有當你走出頭腦時，才會知道經驗是什麼。

從頭腦解脫，就是我們所說的「覺醒」。你可以是世界上最有權力的人、最富有的人，或最知名的人，但如果你沒有覺醒，你不過是個乞丐，因為你不知道喜悅是什麼。另一方面，你可以是個街頭上的乞丐，但如果你覺醒了，你就擁有了一切。

●頭腦如何操控著我們？

頭腦本身是由制約、信念與思想組成的。進入一個年輕人的思想，就像是變成一條頭腦中的蟲，利用他的生命來讓自己生存。當你談到國際間的戰爭或某種暴力時，像是資本主義與共產主義的對抗，以及冷戰，這些基本上都是理念性的戰爭。它們都在頭腦之中，操控著你。基本上它是一隻驢子，沒有意義存在。你應該騎在驢子上，而不是讓牠騎在你身上。簡單的說，理念、信念、概念和價值觀都不應該利用你來讓它們生存。

你們都是困在一所叫做「頭腦」監獄中的囚犯。當你離開監獄時，就會看到自己的頭腦完整無缺的在那裡。你所有的知識都是完整無缺的。但你離開了它，頭腦會自動的運作，好好的經營你的人生。當你涉及頭腦時，才會有問題存在。當你是在觀照的意識時，頭腦就會自動運作著。你可以開車、駕駛飛機、工作，成為工程師、醫師。你可以沒有壓力，而且很有效率的做任何事情。頭腦會運作，你會看著你的頭腦在運作。當你離開頭腦，免於頭腦時，你就覺醒了。唯有當你跳出頭腦時，你才是真正自由的，那時你才會知道生活是什麼。當你在生活時，這一切就完成了。

●如何轉化我們的頭腦？

頭腦的結構並沒有改變。人類頭腦的核心是恐懼，過去害怕老虎或獅子，後來可能是害怕股市、失去工作，或是擔憂天氣。人類頭腦有著同樣的渴望、同樣的欲望。你有對於長矛的渴望，你有對於金錢的渴望。渴望的對象改變了，但對於成為別的東西的渴望仍然存在。因此，人在根本上並沒有改變。這是為什麼我說頭腦是非常古老的，只是渴望的對象、恐懼的對象和焦慮的對象改變了，但根本上是一樣的頭腦。頭腦持續活在恐懼之中，移動到你想要和想前往的地方，而沒有在它該在之處，持續從它所在之處移開。這就是為什麼人在根本上是沒有改變的。

唯一的問題是，你試著到達某個地方，然而沒有什麼地方要去。完全沒有！你有傷痛存在。不是淨化傷痛的問題，而是你有沒有覺知到傷痛。僅此而已！不是你需要一個靜止的頭腦，問題在於你有沒有覺知到頭腦是不靜止的。僅此而已！這就完成了。

你可以完全從頭腦解脫。我談的是「從頭腦解脫」的轉化，我沒有很專注在「頭腦內的轉化」——心理學家和哲學家可以做，他們在這方面做得很好。我不必浪費時間在這上面，我談的是從頭腦本身解脫。

從頭腦解脫唯一的方法，是密切觀照頭腦。如果你持續以很友善的方式看著頭腦，不評判、不譴責，也不評論，它很快就會變得很微弱。慢慢的，頭腦就會變得安靜。

●生命的根本問題有解答嗎？

一開始時沒有頭腦，是對生存的需要創造了頭腦。就像為了生存，你必須發展出攻擊或逃跑的反應。你需要一台電腦來處理事情，這時頭腦就出現了。頭腦為了生存，必須持續運作，它必須不斷從事「想變成什麼」的活動。我是窮人，必須變成富翁，有個「想變成什麼」存在。我沒沒無聞，必須變得有名，有個「想變成什麼」存在。我不健康，必須變得健康，有個「想變成什麼」存在。頭腦需要不斷運作、不斷的變成什麼，否則它會瓦解。頭腦不過是「想變成什麼」的活動。

當某些事情無法引起你的興趣時，你就會開始詢問根本的問題。否則的話，頭腦就會消亡。你必須詢問無法找到答案的問題。

「我是誰？」顯然你無法透過頭腦找到這問題的答案。

「誰創造了神？」、「有神存在嗎？」、「這宇宙是何時開始的？」或是「這宇宙有多大？」、「誰創造了上帝？」……這些問題沒有答案。既然你一輩子都找不到答案，就可以持續的尋找答案。

佛陀發生了什麼？他在生命中擁有一切。他是一位王子，有七百五十個宮女服侍他，他又擁有三座宮殿。然而，在他的孩子誕生之後，他離開了這一切。因為他沒有什麼可以追求的了。抓住佛陀的根本問題是：「終極真理是什麼？」這就是整個事情。佛陀發現了什麼？他發現不存在終極真理這樣的東西，這就是他的開悟。

為了頭腦的生存，你提出這些問題，例如，「我是誰？」你當然會在經文中發現：「你是靈魂，與梵天是合一的。」有的人說：「你與神是合一的。」有的人說：「哦，不，你必須與神一同生活。」等等。

但實際上你是誰？「你」就是那個問題，僅此而已。

藉著問「我是誰？」這個問題，「你」就可以生存。僅此而已。這些問題是沒有答案的。問題會消失。當問題消失時，「你」就消失了。

佛陀發生了什麼？問題消失了。什麼是終極真理？悉達多消失了，佛陀出現了。溫克塔拉曼男孩詢問「我是誰？」的問題，問題消失了，溫克塔拉曼也消失了，只有拉瑪那馬哈希留下來。*

對於每個人來說，都是如此。這些問題是沒有答案的，它們僅是遊戲而已，這是頭腦為了使自己繼續生存而玩的遊戲與詭計。因為「你」必須生存，你將自己與頭腦認同。但也有人是不依賴頭腦的，他們只在需要的時候才使用頭腦，否則的話，就沒有頭腦。

一旦你覺醒了，你的問題就會逐漸消失。一旦你離開頭腦，就沒有提問者了。這些問題就會消失，答案也會消失。整個提問者、問題與答案都消失了，只有活生生的經驗。我們一直在談論的「看見」，你將會看見；「經驗」，你將會經驗；還有「神」，你將經驗到神，或者你將成為神。這一切就完成了。

●如何消除頭腦中的衝突？

你的內在有很多事物在進行著：所謂好、壞、對、錯、神聖、褻瀆，一切都在進行著。一切對立的事物，都在你的內在。愛、恨、恐懼、勇氣，一切都在你的內在進行著。有對立物的存在，是因為如果沒有對立物被創造出來，就不會有創造物。一切事物都存在於它們的對立物中。你包含著所有這一切。

你在做的是，你總是試著推開一些事物，而保留其他事物。這是個錯誤。你說這是好的、那是邪惡的，這就是問題所在。你說這是神聖的、那是褻瀆的，這就是問題所在。你必須接納一切存在的事物。你接納最美麗的思想，你也必須接

＊譯註：悉達多是釋迦牟尼佛出家前的名字，溫克塔拉曼是聖者拉瑪那馬哈希的本名。

納最可怕的思想，因為它們都在你的內在發生著。

宇宙中的一切，都是從「有序」移動到「無序」，從「無序」移動到「有序」；是從「恨」移動到「愛」，從「愛」移動到「恨」；是從「智慧」移動到「缺乏智慧」，從「缺乏智慧」移動到「智慧」；是從「負面情緒」移動到「正面情緒」，從「正面情緒」移動到「負面情緒」。這是頭腦的本質，如果你要逃離它，就要逃離頭腦、超越頭腦——也就是你必須覺醒。在頭腦之內，問題就會存在。

思想的本質就是衡量。為了衡量，它已經假定了相反的一面，所以你充滿了對立，這就是為什麼我們內在有這麼多的分裂、這麼多的衝突。我們必須看到思想的危害。思想是很有幫助的，思想給了我們非常美好的事物，但思想也給了我們衝突和痛苦。覺醒，就是走出頭腦的監獄。當你走出了頭腦，才可以真正的生活。如果你看見自己內在所發生的，就會得到解脫。這就是為什麼我們說：「看見就是解脫。」

●如何淨化頭腦的負面特質？

當你進入自己的內在時，會發現有許多糟糕的東西。你有恐懼、欲望、憤怒、嫉妒、羨慕，也缺乏愛與連結。你必須面對它。面對它，意味著不質疑它、不試圖改變它；就是看著它──因為它是無法改變的，這些都是頭腦的內容。頭腦是非常古老的，與人類本身一樣古老。數百萬年來，它一直都是如此，未來也會如此。那是頭腦的結構，是無法改變的。我們希望你瞭解的是，頭腦是無法改變的。無論什麼在你的內在，都是不可改變的。你必須強烈的意識到：它是無法改變的。

試圖去改變頭腦，就像是拉直一條狗的尾巴，這是不可能成功的。如果有人試圖去拉直一條狗的尾巴，就會明白這是無法改變的，因而放下所有努力。當他放下時，就會有平靜、寂靜和安寧，而衝突也消失了。

就像是山在那裡、雲在那裡，你不能對山做什麼、也不能對雲做什麼，只能看著它們。這就是我們所說的「覺知」。無論你是不是覺醒的，頭腦依然都是如此，唯一的差別是覺醒的人不會對頭腦做什麼，不會去改變頭腦的內容，不會對它有不好的感覺；頭腦就是存在著。一旦你深刻明白改變頭腦是不可能的，頭腦就會保持安靜。你發現不需要努力，不需要能量，接納自然就發生了。

唯一的努力，是稍微覺知到什麼正在發生，然後說：「好，讓我變得覺知。」僅此而已！請瞭解覺知不會帶你到任何地方，不會使你從嫉妒解脫，不會從憤怒解脫，也不會使你成為聖人。不，完全不會。覺知只會給予你「與嫉妒同在」的解脫，「與憤怒同在」的解脫，「與憎恨同在」的解脫；你不再篡改它們，不再試圖改變它們。當你覺知時，你就是覺醒的。當你覺醒時，你就是活著，而不僅是存在著。

●如何讓頭腦保持安靜？

如果你能去除對頭腦的認同，這就很容易發生。為此，你要使用教導，進入沉思，看到頭腦已有上千年的歷史，歷經了所有人類。除了少數得到轉化的人之外，頭腦一直是如此。從最原始的人，到現代的人，頭腦一直都是如此。這就是為什麼我們將它稱為「頭腦」，而不是你的頭腦、我的頭腦、他或她的頭腦。頭腦，作為古老的頭腦，是「一個頭腦」，在每個人內在都是同樣的。如果你能得到這個洞見，頭腦就會自動變得安靜。也就是說，你可以將頭腦看作是某個獨立於你的東西。當你和你的頭腦之間有距離時，你的頭腦就會自然變得非常安靜。所以，你必須去除對頭腦的認同。只要你認為它是你的頭腦，它就是個麻煩。

你認為你的頭腦是「你的頭腦」，但你的頭腦並不是你的頭腦，它就是「頭腦」，是古老的頭腦，是「一個頭腦」。這個頭腦，在你的內在以這種方式運作。你必須能夠看到這一點，從你的頭腦分離。你必須學會看見你的頭腦在運作。它不是你的頭腦，而是以這方式在你的內在運作的頭腦。當你與頭腦分離，不再與你的頭腦認同時，一切就會改變了：你對生命的觀點就會改變，生命會變得非常美麗。

●覺醒之後，頭腦對我們還有影響嗎？

一旦你覺醒，在覺醒的狀態中，你就從頭腦分離了。頭腦是存在的，但它不再渲染你的感知，你就可以如實的經驗真實。然而，當你必須具有功能性，需要頭腦時，頭腦就會回來。它仍舊是相同的頭腦，有著它的制約，也就是與其相關的業力、潛意識，以及所有這些東西。

你可以覺醒，但仍然有相同的舊頭腦。這頭腦可能會影響你，影響你如何運作。因此，可能的情況是，依據你的制約（這當然包括業力），你可能會以很不同的方式回應。即使你覺醒了，仍然可能會有不好的行為，所以你必須改善這些行為。並不是當你覺醒時，就免於業力了。只有當你覺醒，而且在不需要功能性的狀態時，才會免於頭腦。但當你有外在的事務時，頭腦就會回來——當然是回來一會兒，接著頭腦就會再次消失。

頭腦在根本上無法被改變。當我們談到頭腦的轉化，我們談的是改變模式和化解傷痛。一個頭腦未轉化的覺醒者，和頭腦轉化了的覺醒者，兩者的行為是不同的。在印度，我們遇過一些覺醒的名人，但他們的頭腦並沒有轉化。他們處在美妙的狀態中，他們是偉大的人，但他們的行為模式和傷痛仍舊是一樣的。然而，他們都與頭腦沒有關係，頭腦與他們是分離的。

假設頭腦是一隻驢子，這些年來你都將驢子背在你的頭上；現在，你將驢子放下來，騎在驢子上。雖然你擺脫了稱為「頭腦」的驢子，你仍然需要整頓驢子。驢子必須被調教成一隻很好的驢子，你必須將頭腦調教成一個有用的工具。因此，你必須處理基本童年決定、根本童年經驗和頭腦的程式。這一切都必須有所改變，才能有一隻很好用的驢子。

我們在兩條戰線上努力：一條是將驢子放下，然後你就可以騎在驢子上，這就是解脫、自由、覺醒；另一條則是將驢子改造成一隻好驢子，然後你就可以舒適的騎在驢子身上。因此，在覺醒之前，我們處理頭腦；在覺醒之後，我們仍然持續的處理頭腦。

●我們需要完全拋棄頭腦嗎？

不，沒有頭腦你將無法生存，頭腦是必要的。但現在頭腦並不是只在需要的時刻才運作，而是似乎隨時都在運作。假設你在下雪時外出，你必須穿上雪靴；但如果你在臥室和餐廳中仍然穿著雪靴，這必然很不舒服。頭腦確實有它的位置，但現在頭腦似乎隨時隨地都存在著，因而造成困擾。

覺醒之後，頭腦並不會停止存在，而是在分離的狀態中，就像在冷藏庫中。當你想要頭腦時，在你需要頭腦的情況中，頭腦就會來幫助你。當情況結束時，頭腦就會回去冷藏庫。譬如，當你飲食時，頭腦哪裡有活躍的需要？你必須專注在餐點上，持續經驗它。這時，頭腦就沒有存在的必要。

然而，如果你在某個時刻需要頭腦，頭腦會隨時待命。頭腦不再是你的主人，利用你的生命和你的意識來生存；你才是主人，在你需要的時候利用你的頭腦。角色顛倒過來了，這並不是說頭腦消失。頭腦已經數百萬歲了，它是有用的，有它的位置。現在，頭腦會在它應該在的地方。

第五章　覺醒是從清醒的夢中醒來

一個年輕女子獨自開車旅行。當她行經森林時，已經過了午夜時分。她因為很困倦，車子撞上了一棵大樹，撞壞了引擎蓋，她的左腳受了重傷。在恐懼與身體的極度疼痛中，她離開了隨時可能起火燃燒的車子。她在強烈的痛苦中，拖著自己遠離車子，這時聽到狼群在遠處嚎叫的聲音。

她知道狼群正朝她接近。黑暗中，她看見狼群閃閃發亮的眼睛包圍了她。當她驚慌絕望的環顧四周時，一匹狼撲到她的腳上，撕咬掉一塊肉。

這時，她的小孩將她喚醒：「媽咪，妳上班要遲到了，快起來。」

覺醒是從清醒的夢中醒來。每個人內在的整棟心理大廈，取決於一個或多個思想習慣——這些思想習慣可能是恐懼、罪惡感、懷疑、無價值感，或甚至是對於宇宙的根本性質與結構的疑問。這些習慣使你離開對生命的體驗，使你相信它們是真實的。這些不真實的心理旅程占據了我們，讓我們沒有空間去經驗生命與生活。你遠離了生命，內化了每一個經驗，並將它們誇大。一旦你覺醒了，每個事件都會被如實的經驗，不是更大或不同。這是習慣的終結與生活的開始。

●覺醒的人如何經驗生活？

做一個簡單的練習，閉上你的眼睛一會兒。當你的思想流過時，觀照你的思想，你可能注意到你的思想持續在過去和未來之中。你可能想著明天要進行的任務、將穿什麼衣服，或是想著你最近的對話。思想來來去去，有時空談與怪異，但一直是不停息的。頭腦持續創造出思想，投射思想，使你保持忙碌。它需要持續的思考，以使自己永久存在與完整。

這是個古老的頭腦，它流過每一個人。你與古老的頭腦是完全合一的，並且被它為你創造出的任何景象與目標帶走了，以及保持忙碌。似乎不斷有某些事情，你需要去做、去知道，或是追求；然而，在你的內在，你覺得自己應該經驗到平靜、喜悅、愛、較少的憎恨和罪惡感……在這一切的衝突之中，你無法如實的經驗真實。在這掙扎之中，你就沒有自由。未覺醒的人在持續掙扎和受苦之中。請記住，在此沒有批判，這就是它的情形。

另一方面，覺醒的人如實的經驗當下。當他聆聽時，他就是聆聽；當他飲食時，他就是飲食。他在當下全然的覺知，完全的清醒。當覺醒的人吃蘋果時，他就是享受著蘋果；不像未覺醒的人一直想著：「我應該削去蘋果的皮。」或是，「這蘋果不是很甜，我以後不會再買這品種的蘋果了。」或是，「我真不敢相信這蘋果這麼貴，我記得以前一磅蘋果只要二十五分。」覺醒的人不會在過去或未來之中，他就是經驗著蘋果。

你可能想知道覺醒的人是否會思考或計畫他的未來。是的，他會。但當他擬定計畫時，不會被過程帶走，不會懷疑他的決定，或對他的決定感到掙扎。他不會像未覺醒的人那樣，因為害怕犯錯，而一直猶豫，或改變他的計畫。

另一個例子是，當覺醒的人感到挫折時，他會覺知到挫折，以及經驗挫折，不會因為不喜歡挫折，而想要改變內容，或使它停止。他如實的經驗挫折，透過全然的覺知，挫折就會轉化為喜悅。

●覺醒之後還有負面情緒嗎？

在你覺醒之後，你的情緒依然存在，但它們不再是你的情緒。你不會說：「這是我的恐懼或我的憤怒。」你只是說：「有恐懼存在；有憤怒存在。」「擁有」的感覺消失了。當我們說你覺醒了，意思是你可以覺知到任何時候在你內在所發生的一切。你仍然會憤怒，仍然會受傷；但因為你的覺知，你可以立即擺脫它們。

覺醒的人不需要教導，因為他的狀態會引導他。對於未覺醒的人來說，你要在你所在之處，看見你真實的樣子，保持自然。如果你有嫉妒，就去接納它。你有嫉妒，是由於「自我」的概念。接納它，它就是如此。有嫉妒，並沒有任何問題。但如果你接納了自己的醜陋，很快的，你就會覺醒。如果你逃避了，神就無法拯救你。表明立場：「我還沒覺醒，我有這些特質。」這有什麼錯呢？這是成為覺醒最好的準備。

●覺醒的人還有負面思想嗎？

一旦你覺醒了，就會實際看到思想。你會看到思想與你是不同的。就像看電影一樣，當你看到電影裡的暴力行為，你知道它是一部電影。不是嗎？你不會跳到電影螢幕上，你不會做任何事情。同樣的，當你覺醒了，你會超然於你的思想。覺醒就是如此。思想會來臨，但你可以很清楚的看到。這就是為什麼合一教導之一是：「你的思想，不是你的思想。」這包括嫉妒的思想、憤怒的思想、暴力的思想。

假設你覺醒了，而另一個人沒有覺醒，他得到嫉妒的思想，一段時間之後，那個思想會流經你，你會拾起那個思想。我們通常透過眉心輪拾起思想，並透過頭部後面的賓杜點（bindu）傳播出去。你是接收器和發射器。你生活在一個充滿未覺醒的人的世界裡，這裡有著糟糕的思想，它們會流經你。但如果你覺醒了，就會看到它們。它們就不會使你有任何行動。

如果你是拉瑪那馬哈希或佛陀，你也會得到這些思想。但拉瑪那馬哈希和佛陀會做什麼？他們就是看到思想。就像大氣層有汙染，汙染飄到這個房間，當它來到這房間時，又會從這房間飄出去。同樣的，思想會來來去去。聖雄甘地有一天在監獄中有謀殺的思想。甘地是一個很敏感的人，他覺得最好調查一下，發現監獄當天的廚子是一個殺人犯，他負責在監獄中做飯，他的思想殘留在食物上。甘地吃下他做的食物，因而有謀殺的思想。

思想不斷的流動，但它們不是你的思想。如果你覺醒了，思想不會影響你。當你沒有覺醒時，就會認同思想，它們成為你的思想。當你經驗到嫉妒，會出於嫉妒而行動。你首先要學會「看見你的思想」這門藝術，無論是正面思想或負面思想。當你持續看著你的思想時，就能清楚看到它們不是你的思想，它們不過是思想而已。這時，思想會開始消失，而留下巨大的能量。

●覺醒的人如何回應生活中的情況？

當一個覺醒的人在路上看到一個老乞丐，在一些日子裡，他可能會受到觸動，而給予幫助；而在其他日子裡，他可能會說：「一切都很好。」什麼也沒做。在這兩種情況下，都沒有涉及思想。這位覺醒者並沒有去思考。

未覺醒的人可能會去思考，可能會認為：乞丐很懶惰、他是受到神的懲罰、這是他的報應……

但當你覺醒時，就不會涉及思考。只有覺醒的人知道那是什麼。在你覺醒之前，所有的行動都是來自於頭腦和智力。

對於覺醒的人來說，所有過去的記憶都存在，但並沒有傷痛。舉例來說，如果有個人在十年前曾試圖殺害你，現在，他突然出現在你的面前。你有他想殺害你的過去記憶，但沒有對這個人的傷痛。你只是看到他，僅此而已。你會以什麼方式來回應他？每天都是不一樣的。有一天，你看到他時，可能感到很危險，而逃開了。又過了一天，你可能覺得他沒有危險性了，去擁抱他。這一切都是自動發生的。你沒有來自過去記憶的傷痛，只是看見他是個危險的人，因而逃開了；或者你看到他沒有危險性，而去擁抱他。你完全沒有對於這個人的傷痛和憎恨。

從覺知中，行動就會自然來臨。這就是我們所說的「行動」，你可能稱其他也是「行動」，但其實只是「活動」。有的人可能稱之為「好的行動」或「壞的行動」、「正確的行動」或「錯誤的行動」。對覺醒的人來說，它就是行動而已。對他來說，這就是完美的行動了。這來自於全然的覺知。

●覺醒的層次和意識的層次，有什麼不同？

覺醒的層次，代表你可以毫不費力與你內在狀態待在一起的時間有多長。而意識的層次，表示你的自我有多擴展，以及它在什麼層次。在較低的層次，你只關心生存。在較高的層次，你關心成就。在更高的層次，你關心被重視。在更高的層次，你關心支持他人，也就是說別人變得非常重要。在更高的層次，你關心地球本身。在更高的層次，你可以感覺到你就是宇宙。這就是意識的成長。

當覺醒的層次成長時，意識的層次也會自動的不斷成長。

●覺醒如何帶來地球上的天堂？

當你真正明白「看見」是什麼，一切對你來說都是完美的。完美與不完美，只存在於你的思想中。只要思想控制著你的生活，對立就會存在：完美與不完美、好與壞、對與錯。因為思想的本質是分裂的。思想的結構就是比較。沒有了比較，思想就不存在了。思想不過是記憶。如果你仔細觀察思想的本質，將會發現：記憶不只與聯想相關，也涉及了比較，它永遠假設相反一面的存在。

在思想中，問題在於對立永遠存在。只有當你超越了思想，才能如實的經驗一切。在那之後，只有在必要時，你才使用思想；否則的話，思想就不會存在。當你不需要思想時，就沒有分裂；因此也沒有衝突，只有直接的感知，一切事物就會如它所是的美好。

未覺醒的人，透過他的頭腦經驗一切事物。因此，他說：「這是對的，那是錯的。」、「這是完美的，那是不完美的。」

覺醒的人，沒有透過頭腦，而是直接經驗一切的事物。因此，他只有經驗。既然只有經驗，就沒有「正確的經驗」或「錯誤的經驗」，一切事物都是完美的。

情緒來來去去，你為什麼要稱它們為負面的情緒？為什麼要抗拒？為什麼要說它們是不好的？這是自動發生的。你必須成為一個觀照者。這就是全部了。所有的白日夢停止了。

當你喝一杯水時，你就是喝一杯水，沒有白日夢，你無法描述喝水有多麼的喜悅。當你看著你的妻子時，你就是看著她，沒有白日夢，與你的妻子談話是最棒的經驗。如果所有的白日夢都停止了，你會經驗事物本來的樣子。這一切都是相同的，沒有改變，只是你經驗它們的方式完全不同了。

當我們說地球上的天堂，這並不意味著「世界改變了」，而是「你改變了」，白日夢停止了。還是同樣的世界、同樣的人們、同樣的妻子、同樣的孩子，一切都是相同的，但他們看起來會非常的不同。你對人們和世界的感知改變了，所有的二元性消失了。世界看起來如它所是的完美。對你來說，世界成了天堂，你就生活在天堂中。當這在越來越多的人身上發生時，實際的世界也將開始改變。

第六章　自我是一切痛苦的根源

當古普塔和同事在熱鬧的股市大廈二十層高樓餐廳喝著晚茶時，杯子突然掉落地上。這情況很怪異，因為沒有人動到杯子。古普塔沒有理會，繼續與朋友交談。這時，服務生過來清理打破的杯子，並說：「沒關係，我很樂意為您清理。」古普塔回道：「謝謝，我知道你們的服務很好，值得顧客信賴。」古普塔的朋友深深被他的品德打動。古普塔深受同事的喜愛，他以仁慈與無私的天性感動了人們。

當他們站起來要離開時，突然跌倒在地。餐桌在搖動，茶杯翻倒了……「地震！」有人喊道。古普塔拔腿就跑。「快跑，快跑！」當古普塔跑下樓時，樓梯間擠滿了瘋狂逃出的人，四處都傳來人們的哭喊聲。「媽媽，妳在哪裡？」「啊！不要踩我。」「幫幫我！我被卡住了。」

十五分鐘後，古普塔跑出了晃動的大樓，他瘋狂跑著。他是如何逃出來的呢？他踩過多少人？有多少人哭著求他幫忙？他卻什麼都聽不見。他的朋友在哪裡？他們還活著嗎？他一無所知。向來以好心聞名的古普塔衝回家去避難了。

當生存的問題來臨時，「我」是最重要的。「自我」經驗到自己是分離的，於是渴求、厭惡、比較和評判就產生了，這是痛苦的核心。

一切痛苦的根源是「分離感」。我們有分裂的意識，將事物視為：「我」和「不是我」、「我的」和「不是我的」、「我的人民」和「你們的人民」、「我的國家」和「你的國家」。將一切事物劃分，就會感到被別人所威脅。恐懼又滋生了戰爭、衝突和進一步的暴力形式。

當你覺醒時，你的大腦會轉化。覺醒後，大腦越來越難產生「自我」。於是「自我」就會逐漸消失。當自我消失，痛苦也結束了。

●自我是如何形成的？

這似乎是神的計畫。最初人是覺醒、開悟的，沒有分離的感覺。即使是現在，小孩在兩、三歲的時候，也沒有分離感，是之後才發展出分離感。也許在這背後有神的計畫。

真實的情況是，當我們看的時候，就聽不到；當我們聽的時候，就看不到；當我們聞的時候，就觸摸不到；當我們觸摸的時候，就嚐不到。感官其實是獨立運作的，但它們很迅速的協調，看起來好像是同時運作著。分離的幻象就是這樣造成的。而在覺醒過程中發生的是，協調稍微放緩了速度；當稍微放緩時，自我就消失了，也就是分離感消失了，存在的只有合一。

合一，並不是指你與「那個」合而為一。不是這樣的。而是只有「一體」存在，僅此而已。當我們接受和給予合一祝福*，並對覺醒充滿熱情時，這最終可以放緩感官的協調。你就成為「一體」了。如果這持續了七分鐘，你就永遠不會再回來了，這就完成了。這就是我們試著去做的。

如果人被創造的時候沒有感官協調，他就會感覺到「一體」。但也許就不會有這樣的文明與所有這一切，我們可能還持續活在石器時代中。也許大自然或神有不同的計畫，所以帶來了感官協調、分離感、自我和奮鬥。它是有歷史的。國家、社會，所有的文化、科學和技術，都為生存建立起了這一切。但時機來臨了，我們必須移除自我感，因為我們已經建立起偉大的文明，即使現在沒有自我，也會繼續發展下去。

● 對於在世界上生存，自我有其必要性嗎？

自我是一個幻象。在內在世界，自我將人與神隔絕。在內在世界，我們必須透過從自我解脫，來溶解自我。在內在世界，唯有當你能看到自我的不同部分時，才可以從自我解脫。這就是為什麼我說：「看見就是解脫。」在外在世界，

＊譯註：「合一祝福」的詳細介紹，請見第十二章。

我們必須以不同的方式來處理。為了我們的生存，我們必須使用自我。因此，自我有助於在外在世界達到特定的目標。然而，許多人在此出錯了。他們過分投射自己的自我，而導致自我的形成。自我不應該在你的內在旅程中存在。自我必須完全溶解，唯有那時你才可能實現合一的狀態。

但在外在世界，你需要取得成功，而自我對此很有幫助。自我的部分，像智慧、情緒智商、創造力、技能、與人的互動、熱情等，都可以用來達成特定的目標。在達成特定的目標之後，你又需要運用自我的同一部分來生存。但如果你運用如驕傲、自大等負面部分，就會導致「自我意識」，這最終會使你失敗。

自我永遠都不想死去，總是為自己的生存而奮鬥，因此它決定忽略事實，抗拒事實，絕不接受自己的錯誤。當事實被全然的看見、經驗和接納時，就會使你謙遜——謙遜是通往成功的關鍵因素。

●為什麼自我渴望擁有權力和名聲？

所有的人類都有頭腦，而這頭腦不過是恐懼。不是頭腦經驗到恐懼，而是頭腦本身就是恐懼。頭腦存在的原因，是因為自我。這個自我其實並不存在，它也意識到這一點。它在內心深處意識到了這一點：它沒有真的存在。但它想要存在，所以它就像是在一間房子中的小偷，一直想要隱藏，試圖保護自己。

自我一直試圖保護自己，就是那份恐懼：自我任何時刻都可能消失，因為所謂的生理自我的存在，是因為你的感官協調的方式。事實上，當你看的時候，你就聽不到；當你聽的時候，你就看不到；當你聞的時候，你就無法經驗觸摸。

這一切發生得如此之快，看起來彷彿當你看的時候，你可以聽到；當你聽的時候，你可以觸摸。它看起來像是這樣，但實際上並非如此。如果在任何情況下將這放緩下來，你就會看到自我消失了。因此，自我是一個可憐的騙子，它是不存在的；或者自我就像是一個綁架印度總統的綁匪，他把總統藏在某處，自己冒充成總統卡拉姆。他會有多少的恐懼？人們可能會看到他的頭髮豎起來，而抓到他不是卡拉姆。人們可能看到他走路的樣子，而發現他不是卡拉姆。任何時刻他都可能被抓到。他的生命會是怎樣的？想像一下，冒充印度總統的綁匪。

自我有同樣的問題，任何時刻它都可能消失，它必須持續為生存抗爭。因此，它會說：「啊，我這麼有資格！我這麼有力量！我如此富有！這是我的妻子，這是我的父親，這是我的兒子。」它必須持續告訴自己。否則的話，它是不存在的。只有當其他人存在時，自我才會存在的。沒有其他人，就沒有自我。自我必須依附於事物，而一直擔心其他人可能會發現它而它會消失。當自我失去某個事物時，就會失去自己，所以它持續在恐懼之中。

而自我成為了頭腦，這就是為什麼我說頭腦本身就是恐懼。我們無法轉化頭腦，頭腦是不可轉化的。在整個人類歷史中，它一直是如此。這就是為什麼我們告訴你不要浪費你的時間試圖轉化頭腦。唯一可能的事情是，你可以從頭腦解脫。就讓它如此，僅此而已。不要浪費你的時間轉化頭腦。

●為什麼必須從自我解脫？

「你」並不存在，這是個事實。「我」和「你」的感覺、分離感，是個幻覺。它並沒有真正的存在。例如，當你在「聽我說話」：當你看到我時，就沒有聽我說話；當你聽我說話時，就沒有看到我。但這發生得如此之快，因此你有同時看到和聽到的幻覺。兩種感官在協調著，就像在一部電影中，除非以每秒十六格放映，你不會在電影院看到銀幕上手的移動。如果放映機的速度放慢下來，就會變成像一張張幻燈片。同樣的，你的感官以特定的速度協調著，讓你感覺你同時在看、在觸摸，彷彿一切都同時發生著。

正是這種幻象，創造了「我」的感覺。如果減慢下來，「你」就消失了。但你仍然很有功能，你實際上非常有效率。當分離感完全消失時，留下的是生命，或者你可以稱之為「純粹的意識」——整個宇宙是由這所創造的。最終存在的是意識，它真正的本質是喜悅和愛，沒有原因的愛。這種愛是沒有原因的，它就是存在。唯有當「我」消失時，這才會發生，你覺得自己與宇宙是合一的，完全的合一。

例如，當我看著你們時，我不覺得你們在我的外面，彷彿你們都在我的肚子裡面，我永遠無法視任何事物為分離的。這對於我是事實和現實。你可以經驗到它，別人不是在你之外，奇妙的，身體的界限消失了，你不再視它為你的手或你的身體，它消失了，一切都成為了你的身體，是你的一部分。這時你就會有這樣真正的愛，因為它是你的一部分，這是沒有原因的愛。唯有那時，你才會知道真正的愛是什麼、慈悲是什麼、與他人分享你的生活是什麼、這一切關於合一的說法是什麼。

頭腦也不會再陷入過去、擔憂過去，或投射到未來、思考未來。它生活在當下，經驗每一個片刻，你開始真正的生活。現在，你只是生存著。你生存著，是因為你害怕死亡。否則的話，沒有你應該持續平庸生活的理由。你沒有任何的意義，因為在你的內心深處，在你內在只有悲傷。你不知道你的生活該怎麼辦。你進入了自我創造的這個機械性陷阱中，你建立了各種的逃避系統和機制，持續這樣的平庸生活。你在管理你的悲傷，逃避你的悲傷，做所有這一切事情，但根本上，痛苦仍然在你的內在。「這一切是什麼？」「生命的意義是什麼？」「我們要往哪裡去？」我們越來越老，但似乎一事無成。「這一切的目的是什麼？」這是非常抽象、沒有明確定義的痛苦。這就是佛陀的痛苦。他在生命中擁有一切，卻有那種痛苦，這種「這一切是為了什麼」的感覺。

請清楚瞭解，我們沒有要求你從自我解脫，我們只要求你意識到「自我」。幫助你從自我解脫是神的工作，你做不到。你接受合一祝福，然後合一祝福將「你」消滅。如果「你」消失了，依然會非常有功能性，記憶是存在的，你可以做每件你現在所做的事情，而且做得更好。當「你」不存在時，就會有喜悅、快樂與愛。一旦「你」消失了，無論你是誰、是什麼，存在的只有喜悅與快樂。

人類的整個問題是，人們沒有感覺到連結，這一切都是由於分離感。因此，你必須從分離感解脫，感覺到連結。首先，你從自己的家庭開始，然後擴展到動物、植物，最後是神。於是你意識到你就是神、你就是宇宙、你就是一切。你意識到你是萬物，你也意識到：只有你一個人存在，你是「一體」，存在的只有「合一」。

● 如果自我不存在，那是誰在思考？

「你」並不存在，但你以為「你」存在，這是個幻覺。思考在發生著，但沒有在思考的思考者。沒有思考者，只有思考。就像當你畫一個圓圈時，圓心會自動出現。當思考發生時，就會自動創造出一個「思考者」的幻覺。其實並沒有思考者，只有思考在發生。這一切都是自動的。你認為「你」在說話，不，說話是自動發生的，行動是自動發生的，一切都是自動發生的。沒有一個「你」在思考，只有思考。「你」與思考無關，思考就是發生了，這是大腦的功能。

當你覺醒時，你會看見思考就是發生了，沒有思考者。你以為有個控制者在控制一切行動，但它並非如此，控制者、思考者的存在都只是個幻覺，這一切都是自動發生的。這就是生命的整個美麗之處，一切都是自動的。

認為自己是「行為者」是一種錯覺，認為是「你」在說話、是「你」在行動。這一切都是自動發生的。因為你沒有開悟，你看到彷彿你在做這一切事情。這就是束縛的原因，這就是痛苦的原因。當你覺醒時，你會像平常一樣，平常的思考會持續進行，平常的說話會在那裡，平常的行動會在那裡；唯一一點是，「你」不會在那裡。不會將自己與它認同。你不會認為或感覺到你是「行為者」，這一切都是自己發生的。

沒有「人」存在。你懷疑如果沒有「人」存在，你要怎麼運作？因此，你認為「你」必須存在。但你可以很優雅、很有效率的運作。你是觀照者，而不是行為者；你觀照著一切。最奇妙的是，這是可以發生在你身上最美麗的事情：「你」消失了。

●如果自我是幻象，為什麼人有不同的個性？

「你」並不存在，沒有「人」存在；只有起起落落的「人格」存在，就像是海洋上的波浪，出現、退去、又再次出現。人格出現又消失，所以沒有「人」存在。在你內在沒有「人」，只有「人格」。每個人格占據一定的時間，然後換成另一個人格。哪個人格會出現，取決於你的身體姿勢、你的呼吸、什麼影像流經你。當人格改變時，你就會得到不同的思想，經驗到不同的概念和信念；短時間內，你不再是相同的。

即使你開悟了，人格依然存在。這是為什麼有的人開悟之後依然是幽默的，有的人是嚴肅的，有的人成為教師，有的人沉默。即使在開悟之後，人格依然持續著。假設你喜歡蘋果汁，覺醒之後，你會繼續喜歡蘋果汁，不會有什麼改變。人格會以無害的方式延續，但有害的特質不會繼續存在。你的喜好和厭惡仍然是相同的，唯一不同的是：你會經驗到無條件的愛與無條件的喜悅，對每個人都有相同的愛，沒有任何的差別。

●如何化解內在潛伏的恐懼？

「你」存在的核心就是恐懼。在你內在深處，只有恐懼，害怕失去這個，害怕失去那個，害怕失敗，或擔憂一些其他的事情。恐懼的對象可能會改變。尼安德塔人有他恐懼的理由；古代的獵人有他恐懼的理由；中世紀的人有他恐懼的理由；現代的人則是害怕股市崩盤，或害怕妻子離開他。

你有各式各樣的恐懼，但基本上恐懼一直存在整個人類的歷史中。只要「你」存在，就會有恐懼。因為「你」不應該存在，「你」只是一個幻覺，每一刻都在為生存而掙扎。如果不是心理構成持續的進行，「你」就會停止存在。如果大腦停止創造這些心理構成，「你」就消失了。大自然希望讓這發生，神也希望讓這發生。

但你在抗拒它，因為「你」害怕消失。你很恐懼，認為消失很可怕。但你不知道的是，當「你」消失時，那是你所能想像的最大喜悅。只要「你」存在，就會痛苦，因為「你」沒有存在的必要，這是限制、是變窄，不是真實的。當「你」消失時，存在的是沒有原因的愛，就是愛。

你知道的愛是有原因的，而這個愛是沒有原因的，它就是存在。你看見一隻狗，你愛牠。你看見一隻螞蟻，你愛牠。你看見一個人，你愛他。就是愛，沒有原因。那喜悅呢？你的喜悅是有限制的，而這喜悅是沒有限制的。這一切會發生都是因為「你」不存在。如果「你」存在，你知道的愛就是有原因的，而那不是愛。你知道的喜悅是有限制的，而有限制的喜悅根本不是喜悅。

這就是你現在的存在狀態，但說到底，消失是很嚇人的，因此你害怕。然而，你必須跳進水中。即使不知道如何游，你必須跳進去，然後你才會開始游。但如果你持續計畫，你可以計畫到世界末日，還是不會游。你必須冒險去嘗試。當你冒險嘗試時，這一切就完成了。

當你覺醒時，你一直都是快樂的。原因很簡單，因為「你」不存在了。當「你」不存在時，存在的只有「意識」，而「意識」的本質就是喜悅與快樂。這是神經生理的過程。當這些變化在大腦中發生時，你就會看到感知自動改變了，然後「你」就消失了。這就是我們所談論的巨大喜悅，這也是發生在佛陀與所有偉大的人身上的事情。

●如何化解「存在性痛苦」？

在所有的痛苦形式中，最難瞭解的，也最難以解決的，就是我們所說的「存在性痛苦」。並不是你在經驗「存在性痛苦」，而是「你」就等於「存在性痛苦」。只要「你」存在，就會有「存在性痛苦」。因為當「你」存在時，就會與其他的一切分離，這分離感就是我們所說的「存在性痛苦」。

舉例來說，如果你非常靠近電視螢幕，或任何的螢幕，你只會看到點，完全看不到圖像。同樣的，如果將影片的播放速度放慢下來，你會發現並沒有連續的動作。這些動作之間是有中斷的，但你卻有連續動作的幻覺。如果你很靠近螢幕或放慢影片速度，就看不見連續的動作。當你坐得很靠近電視時，只能看到點，看不到任何的形體。

同樣的，當你強烈的覺知到自己內在發生了什麼，什麼在你的內在發生並不重要；重要的是，你必須非常靠近發生在你內在的活動。如果你夠近的看，就會看見「你」消失了。「你」是不存在的。因為「被觀察者」，創造出了你內在的「觀察者」。如果以不同的方式來看「被觀察者」，「你」也會消失。就像當你靠近電視螢幕時，只會看到點，沒有任何的形體。同樣的，如果你專注的觀察內在的事物，被觀察者就消失了。就像是螢幕上的點，當你非常靠近你內在的發生時，它是非常不同的。當被觀察者改變時，觀察者也會改變。當被觀察者消失時，觀察者也會消失，兩者都不見了。你瞭解到「觀察者」、「被觀察者」與「觀察的行為」是一體的，當這情況發生時，「你」就消失了。當「你」消失時，痛苦也消失了，因為「你」就是痛苦。

你需要做的是，強烈的覺知。不是在一天之內，而是逐漸的，越來越強烈的看見什麼正在你的內在發生。通常你會關注發生的是什麼，但這就是問題所在，發生的是什麼並不重要，而是你能「看見」發生了什麼嗎？當你看見什麼在發生時，就會發現「觀察者」與「被觀察者」實際上是一體的。因此，只有經驗，經驗的人消失了；只有看，看的人消失了；只有思考，思考的人消失了；只有存在的事物，「你」消失了。隨著「你」消失，「存在性痛苦」就消失了。

即使這只發生了五分鐘，就會得到「你」並不存在的強烈洞見，此後你就再也不會掉進「存在性痛苦」的牢籠中了。

● 當自我消失了，是什麼在觀照著一切？

是意識在觀照著頭腦和思想。這是意識的性質，意識不能參與，但它可以觀照。當意識在觀照時，不會認同；意識只是看著思想和頭腦，看著一切的行動。你是純粹的意識，但現在你認同自己的頭腦，這就是為什麼你被監禁在頭腦中。一旦你跳出了頭腦，就從頭腦的箝制中解脫了。一切你所做的就是觀照。

你是不生、不滅、永恆、永遠存在的臨在。這就是真正的你。你是存在、意識、喜悅。你不是思想、頭腦和身體。你不是行動的人，一切的行動都是自動發生的。你是永恆的觀照者。這就是你。

首先，你是存在（Sat），不是小小的「你」，而是「存在」。你能經驗到樹與搖動的葉子，整個宇宙都為你搖動，你非常興奮。你是意識（Chit），你能夠感知，有感知的智慧。然後是偉大的「喜悅」。你就是是「存在、意識、喜悅」。「你」走了，「你」死了，「你」消失了，「你」結束了，認同自己是思想、頭腦和身體的「你」消失了。現在，「你」不存在了，存在的是「存在、意識、喜悅」。

你一生一直都在尋找這個。但你的尋找是徒勞的，因為你一直都在錯誤的地方尋找。就像你在電影中看到的，有些人頭上戴著一頂帽子，卻不斷詢問：「我的帽子在哪裡？」你就是你一直在尋找的，你就是你一直在等待的。這一直是個問題。指向對象的食指不能指向自己，在看的眼睛不能看見自己，這就是問題所在。

意識一直是觀照，它從未參與任何的行動，只是觀照著正在發生的行動。假設你與某人談話、嬉戲，意識就是觀照著它。假設你與某人對抗，意識就是觀照著它。你必須覺醒，才可以看見它實際是如何發生的。然後你開始笑，因為你會懷疑「這些年來我是怎麼錯過的？」這樣簡單的事情。這就和呼吸一樣簡單，你真的會笑自己。一切事物都被觀照著，僅此而已。是意識在觀照，它不在任何地方，但又無所不在。你不能說意識在這裡，也不能說意識在那裡，它無所不在。

第七章　逐步進入更深的覺醒層次

每個人的覺醒經驗都是不同的，但可以以三個層次來談覺醒。第一層次是，如實的經驗或感知。你可以說是真實向你揭示，頭腦不再干預經驗了。今天當你看著世界時，你並沒有確實看見它，因為你內在有很多的喋喋不休。有過去的干預、許多的評判，以及對未來的白日夢。這個階段的覺醒是：頭腦停止干預，眼睛開始真正的看見，耳朵開始真正的聆聽。感官不再麻木，或被內在的對話所覆蓋，而變成生機盎然的。

第二層次的覺醒是，與你周圍的世界感到無限的連結。你覺得與所有的事物連結：天空、大地、你吃的食物、你坐在上面的草、與你對話的人或鳥兒。你可以看到整個宇宙進入了最微小的事物之中，沒有什麼是絕對的，沒有什麼是獨立存在的，有種強烈的神聖感、感恩與歸屬感，所有的困擾都平息了。

第三層次的覺醒，不僅是連結感，而且經驗到與宇宙全然的合一。你經驗到了宇宙意識，你是你所看見的，分離感不再存在，痛苦消失了，心極大的綻放，你開始發現愛與慈悲。當你在這種狀態中，你就會開始關心別人，不僅是對於親近的人，而是對全人類都會有深刻的關懷與慈悲。

●如何在靈性上迅速的成長？

為了迅速成長，你必須運用家庭關係。你如何運用它？我經常說：「生命就是關係。」而究竟什麼是關係？關係是一面鏡子，在其中你可以看見自己。例如，你的妻子對你嘮叨，於是你發脾氣，或開始用某些話語指責她，那麼你應該看見自己。在關係的這面鏡子中，你會看見自己是什麼樣子。你永遠無法知道對方是什麼樣子，你只能知道自己是什麼樣子。當你吼叫時，你就會知道自己是什麼樣子；當你指責她時，你就會知道自己是什麼樣子；當你試圖找到一些別人的過錯時，你就會知道自己是什麼樣子。

運用這個，去看見自己，因為這整件事情是關於看見自己是什麼樣子。而當你如實的看見自己時，你就會開始接納自己，愛自己。當這發生時，你就會愛你的妻子，因為你開始看見她是什麼樣子。而現在的你並沒有如實的看見她，你以為你知道她，但其實你並不知道。當這發生時，你就會開始知道她、接納她，你會愛她。這同樣適用於與孩子的關係，以及任何你所遇見的人。當關係是良好的，這意味著你在靈性道路上迅速的成長著。

●什麼要素有助於覺醒？

覺醒過程中有四個要素。第一是教導，對教導要有正確的瞭解。第二，必須對覺醒有熱情。第三，必須以高度的覺知與專注進行過程。最後，在過程中你必須祈請神聖恩典幫助你。

正確的瞭解教導是非常重要的。在過程中，我們可以運用任何的教導，可以是來自於任何信仰或任何教師，但必須是正確的瞭解教導。

你必須對覺醒有很大的熱情。你如何對覺醒有熱情？每個尋求覺醒的人，都要強烈意識到自己生命的平庸。無論你多麼成功、多麼有名，除非你覺醒了，你的生命仍舊是平庸的。除非你瞭解了這點，否則不會對覺醒有熱情。

接下來我們談談過程，過程必須不間斷的進行，這是關鍵要素。而且你必須付出適當的努力，也就是不過度或不足的努力，而是適當的努力、正確分量的努力。過多努力並不會產生好的結果。

再來我們談到恩典，你必須以任何你喜歡的方式祈請任何形式的臨在。沒有任何附加條件，但你要祈請。

● 覺醒的最短途徑是什麼？

在合一教導中，經驗痛苦是覺醒的最短途徑。每當有痛苦時，你不應該遠離痛苦、逃避痛苦；而是全然的沉浸在痛苦中，與痛苦待在一起，然後痛苦本身就會變成喜悅。但要如何做到這一點？你可以從微小的身體疼痛開始，例如一隻小螞蟻咬你時，盡量與螞蟻咬的疼痛待在一起，再慢慢移動到心理領域。先從身體的疼痛開始，不是大的疼痛，而是小疼痛，然後進入心理領域。很快你就會發現「與痛苦待在一起」的藝術。

當這情況發生時，一切都是自動的。這就是為什麼我們說：「與痛苦待在一起是第一步，也是最後一步。」沒有什麼更多的事情要做的。

●對於覺醒，你最重要的訊息是什麼？

我只有一個訊息，就是「做自己」。不要試圖成為那些理想。你永遠都無法成為那些理想，你只能做你自己。如果你不試圖離開你真實的樣子，你肯定會成為偉大的人。偉大，就是做你自己，無論你是什麼。你是什麼並不重要，問題在於你有多與自己在一起、有多愛自己。如果你愛自己，我認為你的一切都會很好、很順利。

一切問題的開始，都是因為你沒有真正的愛自己、接納自己。你讀了這麼多書，有這麼多的偶像和理想，你想和他們一樣，在你試圖變得和他們一樣的過程中，你被摧毀了。每個人都是獨特的，你並沒有被創造得和別人一樣。你是特殊的，獨一無二的。你必須做你自己，接著你就會順著事情的藍圖。

當你試圖成為別人時，就沒有與大自然合作。我希望你看重自己，不是傲慢，而是接納自己。因為特殊的神聖計畫，所以你被創造成那個樣子，你注定要成為那個樣子。對此真實。

當你覺醒時，你會瞭解到你不會發現什麼，成為覺醒的努力就停止了，這時你就覺醒了。這就是為什麼我經常告訴你，試圖成為覺醒的，就像是瞎子在黑暗的房間中，尋找一隻根本不存在的黑貓。當你意識到這一點，追尋就結束了。當追尋結束時，存在的是：「你是自己。」當你是自己時，你就覺醒了。

● 如何從頭腦解脫？

當頭腦不存在時，存在的是「存在、意識、喜悅」的經驗，甚至自我感也不存在了。自我的性質就是將每件事物分離，說：「那是你的，這是我的。」、「我的神、你的神。」它一直持續劃分事物。一旦你超越「小我」，發現「高我」，就是「存在、意識、喜悅」的狀態。「存在、意識、喜悅」的狀態，就是覺醒的人的狀態。

從頭腦解脫，就是從與他人的分離感解脫。當你試圖讓自己從頭腦解脫時，你經常感到困惑，因為這超越頭腦的經驗，你如何以你的頭腦來瞭解？因此，唯有透過神的恩典，這才可以發生在你的身上。

當你試圖以你的頭腦瞭解任何東西時，你試著去制訂它、限定它、限制它，這是頭腦的性質。而從頭腦解脫的這個經驗是超越頭腦的。當你從頭腦解脫時，你就在「存在、意識」的狀態中，而你的經驗就是「喜悅」。因此，你所能做的是：當頭腦干擾你時，你必須覺知到「干擾」，與干擾待在一起，那干擾會帶你到問題的根源，它就會透過神的恩典使你解脫。

不要試著去瞭解頭腦，也不要試著去瞭解「存在、意識、喜悅」的經驗。當你在覺醒狀態、高峰狀態中，你可能對它會有一份經驗、一個瞥見。直到你進入這個狀態，與你的實相待在一起，看見你內在的狀態。

「試圖去瞭解這個的」是頭腦，「一直試圖得到解脫的」也是頭腦。頭腦如何透過它的努力來從自己解脫？這是不可能的。看見與思考頭腦如何一直試圖成為它所不是的樣子。「試圖從一切事物逃離」，讓頭腦持續的受苦。看見這個，你立即就會得到解脫。

●如何得到純粹的愛和喜悅？

你必須沉思以下幾點。並沒有一個「你」在思考，思考是自動發生的；並不是「你」在說話，說話是自動發生的；並不是「你」在行動，而是行動一直在發生。因此，它們都是自己自動發生的。你必須看到這一點。你必須看到說話是如何自動發生的、思考是如何自動發生的、行動是如何自動發生的，因為這是事實。

讓我們以思考為例子。你認為有一個思考者在思考，但並沒有這樣的事情，只有思考，這是大腦的一個自動功能，就像你自動的呼吸，就像你的體溫是自動的，就像消化是自動的發生。與此類似的是，思考也是自動發生的。你並沒有在那裡思考，這只是一個假設。當思考發生時，思考者的錯覺就產生了。

同樣的，說話也是自動發生的，雖然你認為是你在說話，但並不是。動作也是自動發生的。例如，你可能認為：「好，我決定移動我的手臂。看！我移動它了。」不過如果你同步觀看你的大腦（這在今天是可能的），你會發現：在你移動你的手臂之前的瞬間，你的大腦就決定移動你的手了，然後手臂移動了。但你受苦於「你決定移動手臂，然後手臂移動」的錯覺。一切都是自動發生的。

同樣的，當談到你的身體時，你必須明白你的身體不是你的身體，因為這人體已有幾百萬年的歷史，你沒有設計它，沒有在身體中創造變化，也沒有構思它，你對它實際上沒有任何的作用。你沒有使它成長，是它自己成長的。因此，你的身體不是你的身體，你的頭腦不是你的頭腦，你的思想不是你的思想。這就像是你穿著某件漂亮的衣服，你說：「這是我的衣服。」但你有設計那件衣服嗎？沒有。你有裁縫它嗎？沒有。你有在紡織廠製作它嗎？沒有。你有種植棉花，或做任何關於衣服的事情嗎？沒有。你沒有擔任任何的角色，然而你聲稱這件衣服是你的。

同樣的，思想已經演化了數百萬年，它們不是你的思想，而是都在思想層中。思想來來去去，但你認為：「這是我的思想。」它們並不是你的思想。你的身體也同樣不是你的身體。你的頭腦也同樣不是你的頭腦，而是思想的流動。這頭腦不是你的頭腦，它是一個非常古老的頭腦，而不是你的頭腦。

對於自我，「我」在那裡，這是分離感，這是一個概念、一種錯覺。因此，沒有什麼是你的。但你與你的思想、身體和頭腦認同，認為「你」是存在的。這叫做「錯誤的認同」。你不是那個，但你認為你是那個。而你為什麼會這麼做？這叫做「喪失智慧」。當智慧浮現時，錯誤的認同就會消失，你瞭解你不是思想、不是頭腦、不是身體，也不是一開始就不存在的自我。

你必須在智性上瞭解這一切。在智性上瞭解之後，你必須試著滲透它、沉思它，然後給予和接受合一祝福。給予合一祝福比接受合一祝福更有威力。持續這麼做，突然之間，你就會看到自己離開了頭腦。

現在的你在頭腦之內，一切你所追求的、所追尋的，都在頭腦之內。然而在頭腦之內只有痛苦，因為頭腦是個限制。當有限制時，就會有分裂；當有分裂時，就會有衝突；當有衝突時，能量就會浪費。這就是痛苦！另一方面，如果能量保存了，能量的保留就是靜心，就是喜悅、就是幸福、就是愛。

你所做的是在叫做頭腦的監獄的框架內，優美的陳列了所有家具。一點點安全感在你的家庭中，一點點安全感在你的財富中，一點點安全感在你的名譽和聲望中；這一切都很優美的組織著，以管理你的痛苦。我並不反對這個，這是完善的，請繼續這麼做。但你不會真正經驗到生活是什麼，不會真正的生活，你只是優美的生存著。

我們必須離開監獄，離開頭腦。如果你沉思這些教導，並給予和接受合一祝福，你會發現某些奇妙的事情就發生了。你會發現你逐漸離開了這所叫做頭腦的監獄。當你離開你的頭腦時，就會看到自己的思想，思考在發生；但不是你在思考，而是思考在發生。說話在發生，所有的動作都在發生。它們很優美的發生著，它們是完美的；只有當你認同它們時，才會有障礙，才會有不完美。

一旦你離開了這一切，它們都會像呼吸和消化一樣自動發生著。這不是正確的行動，也不是錯誤的行動，而是完美的行動。這一切都是自己自動發生的，你離開它們了，這就是一切了。然後你就會經驗到你所追尋的愛，那份純粹的愛。當你離開頭腦時，存在的是純粹的愛、純粹的喜悅。

●覺醒有哪些階段？

大腦具有神經可塑性的性質。當大腦改變時，你的感知就會改變。當你的感知改變時，大腦也會改變。當你的大腦改變時，我們就說你覺醒了。當覺醒因大腦的改變而發生時，我們稱為第一階段的覺醒。

在這之後，如果你因為覺醒而能夠毫不費力與你內在的狀態待在一起，我們稱之為第二階段的覺醒。

在第三階段，你與內在的狀態待在一起超過四十九分鐘。最初持續三分鐘、五分鐘、七分鐘，再慢慢增加到四十九分鐘。當你能夠與你內在的狀態待在一起四十九分鐘時，心就會開始改變。就像在第一階段的覺醒，大腦生理改變了，而現在心的生理改變了，我們稱之為第三階段的覺醒：「心的綻放」。當心綻放時，你會感覺到與人們、動物、植物，以及整個大自然的連結。你會深切的關懷別人，變得很有責任感。這是覺醒的第三階段。

在這之後，你毫不費力與你內在的狀態待在一起的時間，就會持續增加，直到一天二十四小時都是如此，變得像呼吸一樣的自然。這時，我們就說你全然覺醒或開悟了。在這時，分離感和自我感完全消失了。

在合一教導裡，覺醒意味著毫不費力與你內在的狀態待在一起的能力。轉化是心的綻放，你不再視自己與別人是分離的。全然轉化是自我的停止，這是感官的協調放緩，自我消失了。開悟，是所有的白日夢都終止了。

●有哪些不同類型的覺醒經驗？

要使你在靈性上成長，必須改變你的大腦，而脈輪就像是大腦的開關。當亢達里尼被喚醒，進入一個脈輪時，大腦特定的部分會改變，於是你的經驗就改變了。例如，如果你的心輪被啟動，你經驗的本質將是基督教式的。如果你的喉輪被啟動，那部分的大腦就會被啟動，你經驗的本質將是伊斯蘭教式的。如果你的眉心輪被啟動，那部分的大腦就會被啟動，你經驗的本質將是佛教式的。同樣的，如果你的頂輪被啟動，你經驗的本質將是印度教式的。

我們先轉化你的大腦，使你覺醒，這意味著變化在你的大腦中發生，使你能夠毫不費力與你內在的狀態待在一起。首先，你必須努力與你內在的狀態待在一起，然後努力會逐漸消失，成為自動的。當這超過四十九分鐘，心就會有實際的改變。當大腦改變，心就會改變，因為心和大腦是緊密相連的。很多時候，頭腦控制了我們所有的活動。當心的改變發生時，心會開始掌管你所有的活動，我們稱這為「基督教式的覺醒」，或發現無條件的愛。當它持續四十九分鐘以上，你就進入了「道家式的覺醒」。在「道家式的覺醒」中，你是隨著生命流動，這開始自動的發生。或者帶來伊斯蘭教式的臣服，我們稱之為「伊斯蘭教式的覺醒」。最後變化發生在眉心輪，你會發現「佛教式的覺醒」。在佛教式的覺醒中，完全沒有渴求，沒有觀點。然後亢達里尼繼續上升，頂輪受到啟動，你會得到「印度教式的覺醒」。

在印度教式的覺醒中，發生的是：你的感官的協調放緩了。例如，當你看的時候，就聽不到；當你聽的時候，就聞不到；當你聞的時候，就碰觸不到。但它看起來彷彿一切都是同時發生的，因為感官被迅速協調著，這就帶來了「你」存在的錯覺。實際上「你」是不存在的，但感官創造了錯覺，你的大腦對你玩了一個把戲，彷彿「你」存在。在印度教式的覺醒中，感官協調減緩了下來，那就是：當你聽的時候，你就聞不到；當你聞的時候，你就碰觸不到。在不到一秒的時間中，它被分離了。當它發生時，自我就消失了，生理自我就消失了。

如果你看著一棵樹，你不是在那裡看著樹，而是只有樹存在。如果你看著月亮，你不是在那裡看著月亮，而是只有月亮存在，它充滿了你的意識，它就是一切，「你」不存在了。當你看著天空，只有天空存在。無論你看著什麼，都只有那個存在，「你」不存在了。這就是印度教式的覺醒。一步一步，這一切都會發生，但你必須先練習與你內在的狀態待在一起。

佛教徒會經驗到覺醒，伊斯蘭教徒也會經驗到覺醒，但覺醒對於不同宗教的人來說是不同的，這取決於你的文化、背景、前世和制約。覺醒對於印度教徒、伊斯蘭教徒、基督教徒都是不同的，但它是合一的。沒有一種狀態比另一種狀態更優越，它只是適合你被設計的方式。

一旦你在生活中獲得了，那你只要說：「我想要基督教式的覺醒。」一個合一祝福，它就完成了。你必須說：「我想要佛教式的覺醒。」一個合一祝福，它就完成了。「我想要伊斯蘭教式的覺醒。」一個合一祝福，它就完成了。「我想要印度教式的覺醒。」它就完成了。

●不同覺醒層次的人的體驗，有什麼不同？

覺醒有一百層。覺醒就像是一棟一百層樓的大廈，無論你是在第一層或第一百層，都是覺醒的，但有差異存在。例如，在第二十二層的覺醒的人看著一棵樹，他看到的樹葉會比在第二十一層的人看到的更鮮豔。

直到第六十九層時，你的頭腦和它所有的內容物依然存在，但你不會被影響。而從第七十層開始，頭腦就不存在了。直到第六十九層，我們稱你為「覺醒的」；第七十層以後，我們就稱你為「開悟的」。當你覺醒時，就與頭腦分離了，但思想仍然會流過你的頭腦。而當你開悟時，思想幾乎一直都是停止的。

假設你在駕駛汽車，而你將引擎關掉——引擎就是頭腦，關掉引擎就是覺醒。你已經與頭腦分離了，但車子仍然有慣性，不會立即停止；在一小段距離之後，車子才會停止，那停止就是開悟。在這之前，當引擎關掉，頭腦的流停止了，就是覺醒。但由於過去的慣性會持續一段時間，一段時間之後，就會完全停止。在這之後，甚至思想的流動都是偶爾發生的。這就是開悟。

合一的關鍵教導是：「與你內在的狀態待在一起，經驗你內在的狀態，覺知到你內在的狀態。」如果你尚未覺醒，可以透過努力做這些事情。而當你覺醒時，因為你大腦中的變化，就可以毫不費力的做這些事情。當你持續毫不費力的做這些事情時，會帶來巨大的轉化，這轉化就是開悟。

當你開悟時，就不會受到思想的干擾。如果你剛覺醒，可能仍然會受到思想的干擾，但你可以毫不費力的與思想待在一起。如果你開悟了，那就完全沒有思想的干擾。這就是基本的差異。

●如何從覺醒進入轉化？

假設你將蔬菜放在鍋子裡，持續用油炸蔬菜，蔬菜會發生變化，這就是轉化。與此類似的是，注意力或覺知就像是熱度，你內在的狀態會發生變化，我們稱這種變化為「轉化」。當覺醒的人練習教導，在注意力的熱度下，他內在的狀態就會發生轉化。轉化的人會進入非常高的狀態。覺醒就像是一把火炬，你必須運用它，來看見你內在的狀態。

在合一教導中，你是什麼並不重要，你頭腦的內容並不重要。應用教導，意味與你內在的狀態待在一起。假設你有痛苦，你不逃離你的痛苦，而是去接納你的痛苦。當你與你的痛苦待在一起時，就會開始經驗它；當你經驗痛苦時，就會覺知到它。請瞭解，你不是做這些事情來到達某個地方。它本身就是目的。當你經驗痛苦，覺知到痛苦，與痛苦待在一起時，這就是喜悅，這就是無條件的愛。不是它帶給你無條件的愛和喜悅，而是毫不費力與你內在的狀態待在一起，就是無條件的愛和喜悅。如果你得到那份洞見，你就穿越了。一旦你覺醒了，你必須運用覺醒來使你成長，進入轉化中。

當你的覺醒層次持續成長時，就會有越來越多的轉化，這轉化會在你的人際關係中顯現。關係是一面鏡子，你可以在關係中看見自己。生命就是關係。如果你持續處理你的人際關係，從你的父母開始，從你的伴侶開始，從你的孩子開始，從你的朋友開始，從你的親人開始，你就會看到一切都在改變。如果你的關係持續改善，這意味著你轉化了；如果在關係中，你不會受傷，這意味著你轉化了；如果在關係中，你有無條件的愛，你就轉化了。

如果沒有什麼傷害你，你就會在關係中得到喜悅。當你看著你的丈夫，你得到喜悅；當你看著你的妻子，你得到喜悅；當你看著你的父母，你得到喜悅。關係必須給予你喜悅，這意味著你轉化了，否則你就在某處卡住了。因此，在關係上下功夫。

在你內在也會有巨大的平靜。你內在始終有爭論性的對話，當你的覺醒持續成長時，對話就會逐漸停止。在你內在會有一種寧靜，這種寧靜不是噪音的相反。這就是我們所說的寧靜。

我們首先從覺醒開始，然後轉化，然後了悟神性。重要的是在大腦中創造改變，這幫助你毫不費力與你內在的狀態待在一起。這是第一步，其餘都是自動的，你不需要做什麼。就像你有一張機票，你搭上飛機，它會將你帶到你需要去的地方。同樣的，如果你能毫不費力與你內在的狀態待在一起，一切就是自動的。你持續看著你內在的狀態，感覺你內在的狀態，看見你內在的狀態，經驗你內在的狀態。它就是你的書籍、你的經文、你的經典、你的上師、你的教師。你是一部自動駕駛機器，只要知道你內在的狀態是什麼，然後每件事物都會來臨。一切你所必須做的，就是毫不費力與你內在的狀態待在一起。

● 心的覺醒是什麼？

只有當「生理的心」轉化時，「靈性的心」才會綻放。如果生理的心沒有經過這些改變，就不會發展出靈性的心。只有當生理的心綻放時，你才會有與其他人連結的感覺，才會發現無條件的愛，才會覺得很有責任感，非常關心和關懷萬物。

這不是一個概念性的東西。當生理的心改變時，這就是一個活生生的經驗。當大腦改變之後，它才會發生。首先大腦必須改變，然後生理的心開始改變。當我們談到心的覺醒時，我們指的是心在生理上的改變。大腦和心實際上在生理上是相連的。心的功用是做出決定。大腦可以處理資料，而心必須做出決定。你現在因為受到很重的制約，心已經慢慢消亡了，所以是頭腦在做決定。

當我們談到心的覺醒時，這就像是心進入了頭腦。決定來自於心，那時你就會開始生活。如果只是頭腦在決定，那你就只是生存。你必須從心來生活。只有當大腦先改變了，這才會發生。當大腦逐漸改變時，心就會改變。在某個時刻，你會意識到有些事情在你身上發生了。在與你的妻子、孩子、你的生意或專業連結時，你會看到你是發自於心的。一旦你開始發自於心，就會有巨大的成功；失敗消失了，你幾乎一直都是成功的。當你意識到你在生活的事實時，你就會在喜悅中。你發現整個世界是一個奇蹟，每件事情都是奇蹟，每天都是奇蹟。這將是你生活的方式，而現在你只是生存著。

●如何穩定覺醒的狀態？

覺醒狀態就像是不同的季節，來來去去。而覺醒與大腦的化學和生理有關。例如，如果你吃了大量的米飯，會感到昏昏欲睡，這是因為一種叫做多巴胺的化學物質的分泌。當你攝取酒精或藥物，或從事性行為時，也會發生類似的事情。酒精和藥物也會刺激某些像這樣的化學物質的分泌，因此你經驗到了意識轉化的狀態。這些經驗會給你一些不錯的感覺，但它是暫時的，當然也有副作用。不要忘了，這也是一種逃避的方式，你用這些方式來逃避看見自己的內在。這就是為什麼很多人會去喝酒、嗑藥、從事性行為和各種享樂，不過它是暫時的。如果你想要的話，可以繼續，但你也必須準備好面對伴隨著它的副作用。

問題在於人在受苦。佛陀說：「一切存在的都是受苦。」這意味著所有存在的都在受苦。合一教導也說同樣的事情：「一切存在的都是受苦。」但這裡的語境是不同的。當我們說：「一切存在的都是受苦。」，我們的意思是：如果你覺得「你」存在，就會受苦。當「對方」出現時，分離感就產生了，這會導致恐懼、焦慮、擔憂等感覺。

有三種類型的痛苦：生理痛苦、心理痛苦和存在性痛苦。原始的痛苦是分離感，人類想解脫這個原始的痛苦，為了終止這個分離感，創造出許多的方式，例如結婚、生小孩、工作、酒精、性、藥物等。但問題是酒精、性、藥物除了花費你的金錢之外，只能給予你暫時的狀態。當你使用酒精、藥物、性的時候，大腦中會有化學變化，分離感就消失了。但透過這些方式經驗到的意識轉化狀態，並不是永久性的。

然而，覺醒是大腦生理的改變，它是神經生理的過程，額葉被激活了，而頂葉被抑制了。

你必須做的事情是，在課程中利用神聖物品來錨定你的覺醒狀態。如果你做不到這一點，就再次參加課程，直到你能夠錨定你的覺醒狀態。你可以用神聖物品的照片來做視覺錨定。透過視覺、聲音或氣味來做錨定，以這些方式回到狀態。錨定必須是，當你看到神聖物品的照片或真言，或聞到線香的氣味時，就會回到覺醒狀態。持續進行四到六個月的時間，你這麼做，大腦的生理就會改變，這種改變將是永久性的。

●大腦與意識層次有何關聯性？

許多時候，我們以為身體是不重要的。不，不，一點也不是。每個器官都很重要，因為它影響你的靈性、你的思想、情緒和感受，這一切都是由身體所控制的。我們不應該忽視身體，身體是很重要的。給予身體適當的食物、適當的運動，並適當的訓練它，以及給予它合一祝福，這會改變大腦。

問題的存在是因為大腦是不良的，所以我們的意識很低。當你在較低的意識層次時，會有某些問題。當你的意識層次提升時，這些問題就會消失。較低的意識層次造成各種問題，所以我們在個人、家庭、社會、國家和全球的層面上，有這麼多的問題。這一切都源自於較低的意識層次。人類試圖從較低的意識層次來解決問題，這是唯一的問題。一個小偷如何解決竊盜的問題？東西就是他偷的啊！這是不可能的。因此，我們卡在這個瘋狂的迴圈，試圖用較低的意識層次來改變問題。

合一教導所說的是：「透過大腦的變化來提升意識層次。」怎麼做呢？透過合一祝福與神的力量來改變大腦。當意識層次改變時，你會變得非常不同，問題自然就消失了。當最終的變化在大腦中發生時，你將得到無條件的愛。

●還有什麼方法，有助於提升意識層次？

進入更高的意識層次最簡單的方法之一是：重視女性，尊重她們。如果你缺乏這項特質，你可以開始練習。當你練習時，這會成為你的自然品性，你會真正的開始重視女性，尊重她們。奇妙的，你會發現自己的意識層次提升了。

我知道有些丈夫對妻子很善良、有同情心、很體貼，但他們永遠無法尊重自己的妻子。曾有一對夫妻來找我，我看到丈夫對妻子很體貼。幾分鐘之後，丈夫想單獨跟我談話，因此要他的妻子出去。你知道他問什麼嗎？他問我：「巴觀，我妻子的前世是驢子嗎？我覺得她一定是一頭驢子。」我說她不是驢子，而是別的，但他無法相信。男性要尊重女性是很困難的，丈夫可以給予妻子每件事物，但就是無法尊重她。

你必須瞭解男性和女性的需求，當你的妻子不斷和你談論她的問題，男性會建議很多的解決方法。而女性對於解決方法不感興趣，她們只是想被傾聽。她們會一再談論同樣的事情，你必須傾聽她們，僅此而已。而當男性開始談論他的問題時，他是在尋求解決方法，你就應該給予他解決方法。

當大腦以特定的方式連結時，你會有特定的感知。當大腦以另一種方式連結時，你會有不同的感知。當大腦以任何的方式重新連結時，感知就會改變。大腦直接與心連結著。當對女性缺乏尊重時，你會發出錯誤的訊號給大腦，而影響了心。當你開始給予女性尊重時，大腦就會得到正面的訊號，發出正面的訊號給心。而心發出正面的訊號給整個宇宙，宇宙就會在外在生活的情況中帶來改變。如此一來，尊重女性的男性將變得成功。

如果你很難尊重女性，你該怎麼做？你必須開始表現。大腦與頭腦是不同的，當你持續表現出尊重，大腦就會得到正面的訊號，而使這行動成為永久性的。在大腦中有神經生理的變化，這也會影響和改善生理的心。

當你的意識層次提升時，你就會離開許多的問題和疾病，那些一直困擾你的問題將開始消失。你越常從更高層次的意識運作時，自然發現你的問題得到了解決，或被化解了。你發現過去失敗的方面獲得了成功。雖然在剛開始時，對無法尊重女性的人來說可能並不容易，他們也許覺得很困難。但如果你能做到尊重女性這一點，會非常迅速得到效益。

●有最終的覺醒嗎？

覺醒或開悟不是個目的地，它只是一段美麗的旅程、一個過程，它是永無止境的旅程。首先你得到覺醒狀態，也就是高峰經驗，這早晚將造成覺醒。在此之後，它是個永無止境的旅程。唯有當你融入光中時，過程才會停止。在那之前，它持續的進行著。當你在這星球上時，它持續著。在你離開這星球之後，它仍然持續著，旅程是沒有終點的。

第二部

與神連結，擴展了我們的生命

一切的生命過程都僅是朝向神的旅程，就像源自各處河流的水都流進了海洋，所有的事件和情況，無論好的、壞的、痛苦的、歡樂的、美麗的、醜陋的，都帶領你到神的膝前。

第八章　神以各種形式在生活顯化

古代的人除了仰賴他的五種感官、智慧與生活經驗之外，也仰賴於神。這些智慧的人們與神交融著，宇宙意識引導他們面對即將來臨的飢荒、洪水，找到傳染病的醫藥，或播種的正確時刻。然而，由於種種因素，人類離開了這種自然狀態，與神疏遠了。

「內在神」是人內在的神聖意識。當你以內在神的指引為基礎來生活時，就會建立起平靜與智慧。當你了悟神性時，就會如實與神同行和對話，神將成為你的朋友，而不是某個想像中的人物。

●與神連結，對我們有什麼利益？

你可以運用神來幫助你處理你的問題，滿足你的個人需求。你可以選擇自己的神，可以是基督教的神、伊斯蘭教的神、印度教的神，或佛教的神，這一切都由你決定。你可以運用神的力量來處理你的健康問題、財務問題、關係問題，和其他的問題。

你可以以你想要的任何形式來敬拜任何的神。你可以和神有任何種類的關係。你的神是你個人的神，神不會評判和懲罰你，神本質上是你的朋友。神如何與你連結，取決於你。在你與神之間，總是有個人性的對話。

對於企業家來說，神會經營他的公司；對於家庭主婦來說，神會幫她做家務；對於醫生來說，神是手術室。神成為你的家庭成員，你可以與神對話、一起同行。

當你發現神是充滿愛、關心你、不會評判你，你在生命中就不會想要更多的了。沒有神，你是孤兒。當你有神時，你怎麼可能有問題？你的生活完全改變了。你透過參加許多課程、從許多教導所得到的，瞬間就可以得到。

●發現神，是一種信仰嗎？

基本上，神不應該是一件信仰的事情，僅是以信仰接近神是沒有意義的。神必須被發現，必須對你來說是真實的，必須是活生生的經驗。我們可以看見神，與神對話，甚至可以與神同行，這一切都是可以做到的。所以當你面臨問題時，一個單純的祈禱，或單純的請求，就可以立即將問題解決。

對於與神有深刻連結的人來說，神不再是一個信念、信仰或概念。神是真實的，他可以看見他的神、跟神交談、與神同行，他甚至可以和神嬉戲。與神有深刻連結的小孩，可以和神玩耍，跟神玩遊戲，例如板球、足球，什麼都可以。這是真實的。與神有深刻連結的人，通常不會祈禱，他就是要求神給予他想要的。如果他與神有友好的關係，他甚至可以與神爭執。這因人而異。

●有唯一的真神嗎？

自古以來，人類一直試圖向別人證明，他的神是唯一強大的神。正是這種將自己的信念強加到別人身上的分裂和執迷，造成了世界上的衝突。當我們談到你與你的神時，你必須超越自己所有的限制。人們確實是以他們自己的方式描繪神，這是沒問題的。但當我們說「個人的神」時，並不是說你擁有你的神。人們不瞭解的是，當我們談到個人的神時，指的是「神與你連結的方式」，以及「你與神連結的方式」。你如何與你的神連結，以及你與神有什麼關聯，都是個人性的。但你不能說你的神是唯一的神，或比其他的神更強大。你如何能這麼做？你如何衡量神的力量？你如何區別與創造差異？說「我的神」和「你的神」？

只有一位神，但神不同的顯化有不同的性質。你必須超越和瞭解，所有形式的神都是神。你必須瞭解的是：只有一位神，而且萬物都是神。你也是神，你是一位充滿缺陷的思想、概念和心智框架的強大存在，所以你是個出錯的神。這就是為什麼，我們想要引導和帶領你在你與你的神之間朝向合一。了悟神性最迅速的方式，就是當你超越你對於神所建立起的限制性觀點、概念和印象。神是一位充滿愛、不會評判的朋友。因此，開始去看見與接納在萬物之中的神。

●神有哪些形式？

我們可以以三個方面來談神：未顯化的神、顯化的神，以及神的化身。

未顯化的神是不可知的。以其本身的定義，未顯化的神是無法被看見、被感覺或被聽到的，祂是沒有特性的，因此無法被瞭解。請記住，祂不是「未知的」，而是「不可知的」。今天的未知，明天可能成為已知。但你沒有辦法瞭解神，祂永遠是「不可知的」。對你來說，未顯化的神就像是不存在的一樣，與未顯化的電非常相似。以電為例子，有任何人可以看到電嗎？直接認出電嗎？只有當電展現為光、聲音或感覺，例如透過電風扇、燈管或放映機顯現時，你才可以經驗到電。當這些事物運作時，我們就知道電是存在的。同樣的，有神存在，但祂是未顯化的，祂可以跨越時空，對任何數量的人顯化。

顯化的神，是你在心中經驗到的更高神聖自我或臨在。這位神也可以在外在顯化為某個形式，或顯化為內在的聲音。神也顯化為愛、覺知、慈悲、力量，以及許多其他的神聖特性。

當不可知的神將自身限制在一個框架中，他就是神的「化身」（Avatar）。神的化身的誕生，是為了幫助人類進入演化的下一階段。

●神如何以不同的形象顯化？

你必須明白神是什麼。神不是一個「人」；神是「絕對的」，在一切事物之中，無所不在。神也是內在神。內在神是絕對的神、全能的神。內在神沒有形式，但你可以將祂放進你喜歡的形式中，祂就會以那個人格呈現。內在神可以以所有曾在地球上生活過的了悟神性和覺醒的人，作為祂的人格。自古以來，所有覺醒和了悟神性的人，就是神的人格。你擁有完全的自由來祈請任何你喜歡的人。唯一的條件是，那個人必須是覺醒或了悟神性的。這些人都成為了神的人格，他可能是一百年前或一億年前的人，這都沒有問題。神可以採取許多不同的人格，而不只是一、兩個人格。

如果你不喜歡這樣做的話，可以將內在神化為光，與祂對話，與那個光建立關係。如果你仍然不喜歡這種方式的話，可以選擇任何你喜歡的形式，從那裡進行。要使覺醒發生，你必須與你內在的神有強烈的連結。你如何與那位神連結，完全由你決定，你可以把祂當作母親、父親、朋友或任何人。

如果你的神是樹，那你就回應樹，願樹給予你覺醒。如果你的神是宇宙，你可以與你的神交談。隨著神，你就覺醒了。這是你與神之間的事情。基督徒有與基督的連結；伊斯蘭教徒有與阿拉的連結；印度教徒或佛教徒有與其相應的神的連結。如果你只回應大自然，那就請大自然給予你覺醒。以你希望的方式與神連結。內在神的自然狀態是沒有形式的，你可以設計祂的形式。

●神存在於哪裡？

你假設有數百萬個單獨的個體，過著自己的生命；而在真實中，存在的是「一個存在」。這個存在是狩獵者、被狩獵者與狩獵的行為。只有一個存在，而你是那個存在的一部分。對於覺醒的人來說，造物不過是神的遊戲。對覺醒的人來說，生命就像舞台，在舞台上有一位稱為神的存在，祂以不同的外觀出現，祂曾經是受害者，又成為攻擊者。覺醒的人，知道「真實」是超乎理解的，它本身就是完美的。請記住：我不是說神變成了一切，而是神顯化為一切。神沒有變成許多，而是顯化為許多。造物就像是映照出無數影像的玻璃宮殿一般。

這位神無所不在，又不在任何地方。要瞭解這一點，讓我們將神作為政府來解釋。如果你問人：「政府在哪裡？」有些人會告訴你警察局，說這就是政府；有些人會告訴你法院；有些人會說參議院；有些人會告訴你行政官員；其他人會說部長；還有一些人可能會說人民就是政府。你在道路交通法規中、在每個消費產品的稅法中，都可以找到政府的存在。它無所不在，又不在任何地方。神也是如此，你不能明確指出這是神，其他的都不是。這就是為什麼我們說神無所不在，又不在任何地方。

●神對待我們的方式，取決於什麼？

當神是未顯化、無形式、無特質的時，就像你可以以你想要的方式運用電，將電轉換為光能、熱能或機械能。與此類似的是，神可以運用於任何目的上。當神未顯化時，祂是存在的；但因為你看不到祂，無法與祂對話，神對你來說就像是不存在的。

當神顯化時，神會採取一個形式，無論是光、黃金球、人形，或任何的形式，我們就稱祂為你的「個人的神」。由你決定給予神一個名字、一種形式、一個特質，以及你想要與神有什麼樣的關係。因此，這一切都取決於你如何設計你的神。

當我說「設計你的神」時，不是說你創造了你的神，而是你創造了神對待你的方式。神對待你的方式取決於你期望神如何對待你。這是來自於印度教的概念：Bhaktha Paradina，意思是「神是仰賴於皈依者的」。因此，如果你想要神表現得像一個朋友，祂就會像一個朋友；如果你想要神表現得像一個母親，祂就會像一個母親；如果你創造給予你財富的神，你就會得到財富；如果你創造給予你健康的神，你就會得到健康。

會評判、懲罰你的神並不存在，除非你創造了那樣的神。如果你仰賴於一個會評判、懲罰你、對你發號施令的神，那你是沒有希望的。那樣的神只是你憑空想像的。

你的神會反映你，你的神與你不是分離的；無論你有什麼特質，你的神都會反映出來。假設你是吝嗇鬼，那麼你的神也會是吝嗇鬼；假設你幫助別人時很緩慢，那麼你的神也會很緩慢的幫助你；假設你很粗魯、粗暴和傲慢，那你的神也會是粗魯、粗暴和傲慢的。神怎麼表達自己，取決於你。只有對他人仁慈、慈悲和友善的人，才會有一位善良、慈悲和仁慈的內在神。如果你想有一位會迅速回應你祈禱的內在神，你最好對他人也是如此。如果你是個掌控的人，你就會有那種類型的神。如果你改變了，你的神也會改變。如果你的神是有威力、慈愛、迅速回應你的，你就會受益。但為了這樣，你必須改變自己。

你的生活取決於你創造出什麼樣的神。你可以創造任何你想要的神的形式，可以是你的父母、祖父母或朋友，任何你有和諧關係的形式。這位神本質上是不會評判、懲罰你的，祂具有巨大的力量，而且與你有友好的關係。如果你設計了一位和藹的神，但缺乏力量，那奇蹟就不會發生。你必須給予你的神力量。如果沒有給予祂力量，那神不過是個朋友，什麼都不會發生。你的神必須是很有力量的朋友。具有力量的朋友，也可能是會評判和懲罰的，而你的朋友不應該是那樣的。如果有神與你同在，你就擁有了一切。但如果你有一位會拿走一切的神，如果你設計了這樣會懲罰你的神，那懲罰就會發生。所以請小心設計你的神。

●內在神是如何運作的？

與你最接近的神是內在神。神或更高意識在每一個人的內在顯化。當神的這個面向在你的內在顯化時，稱為「內在神」、「內在存在者」或「更高神聖自我」。這位神可以呈現為不同的形式，或保持無形的臨在或聲音。一旦內在神覺醒了，內在神就像網路般運作。就像個人電腦形成通訊網路，來獲取訊息和建立聯繫的方式。你的內在神也連結到其他人的內在神。在你心中的祈禱會喚起世界上任何地方的回應，你就會看見奇蹟和驚奇的巧合。

因此，所有的內在神都是相互連結、互相溝通的。我舉一個例子：有一個人向他的內在神祈禱：「請給我錢，沒有人幫助我。」在城市的另一個區域，神顯化在一個非常富有的人的夢境中，給了他那個需要錢的人的地址，要他送給那個人很多錢。這個人非常富有，他覺得很有趣，於是叫他的祕書將這筆錢送過去。內在神在富翁的夢中出現，告知他送錢給那個人。這就是所有內在神互相連結的方式。

當你能看見自己的內在時，你與神的連結就穩固的建立了，要使恩典流動很容易。如果你沒有看見自己的內在，你與神的接觸就不會很清晰，要給予你恩典變得很困難。對神來說，祂非常渴望給予每個人恩典。實際上，當你可以看見自己的內在時，你自己就可以展現奇蹟。

如果你持續在自己的身上努力，那麼你就會與內在神越來越靠近。內在神變得如此靠近，幾乎成為實體的，甚至你可以碰觸內在神——祂會走出來，你可以觸摸到。你可以到達那個程度。

有些人有這種實體的內在神。內在神走出來，與他們聊天。這不是一個罕見的現象，這在印度廣為人知。甚至我知道一些西方人也有這種經驗。你有多少成長，決定了你與內在神的關係。

●各物種的神，如何幫助該物種？

假設有一隻螞蟻，那隻螞蟻有「個別的意識」。假設有兩隻螞蟻在一起，第三隻螞蟻就會自然出現。你可以稱之為「集體的螞蟻」。如果你將三座金字塔放在一起，有三個三角形，第四個三角形就會自動出現。與此類似的是，當有兩個個別的意識時，就會出現第三個意識，可以稱之為「集體的意識」。

當十隻螞蟻放在一起時，就會形成「集體的螞蟻」。這「集體的螞蟻」的智慧與力量遠遠優於個別的螞蟻。這螞蟻在哪裡？在十隻螞蟻中，無所不在，也不在任何地方。集體螞蟻的內在神，非常保護螞蟻這個物種，無論牠們在世界上什麼地方。這情況也發生在蛇身上、鹿身上、牛身上。

有一群鳥兒從西伯利亞飛到印度泰米爾納德邦一個叫做維達坦加爾的地方，當地政府通過了一條法令，批准人們可以逮捕任何試圖射擊或捕捉鳥兒的人。每當有人舉起槍，或彎腰去抓這些從西伯利亞飛來的鳥兒時，牠們就會飛行三、四公里的距離，到維達坦加爾當地人的家，將他家圍起來。那人就知道鳥兒有了危險，並去救牠們。鳥兒是如何知道當地政府通過了這樣的法令呢？鳥兒的集體意識很清楚這一點。

當鳥要築巢時，會依據那一年的降雨量來決定築巢的高度。因此，農夫會看鳥巢的高度，決定那年要種植水稻或花生。如果鳥巢很低，就種植花生，因為那年的降雨量會很少；如果鳥巢很高，就種植水稻，因為那年的降雨量會很多。當今世界上最傑出的人，也無法知道將有多少的降雨量，但鳥對此非常清楚。

我們還可以舉很多集體意識的例子。在合一大學的校園中，你會發現蛇是很少見的，牠們也不會攻擊人，因為我們做了特別的儀式，與蛇的集體意識說：「這裡的人都不該受到影響。」協議是我們不會捕殺牠們。這就是這樣運作的。

所以有各種的集體意識，螞蟻的集體意識就是螞蟻的神，鹿的集體意識就是鹿的神，魚的集體意識就是魚的神。每當你進入一個協議，就會看到它明確的運作著。對於老鼠，你可以進入與象神的協議，老鼠就不會打擾你。

與此類似的是，有一個集體人類的意識，就是進入你的臨在，你也可以稱之為神。人與神之間的關係，就是父母與孩子之間的關係。神就像父母般的保護著你，祂非常保護你，對你沒有評判，祂非常親切、體恤和關心。這集體的人類意識，以臨在進入了你。

第九章　向神祈禱實現我們的願望

祈禱是與個人的神充滿愛的溝通。首先最重要的是，與你所選擇的神的形式有個人的關係。如果你與神沒有個人性的關係，沒有友善的連結，就無法祈禱。你頂多只能說：「救救我，給我這個。」但這不是祈禱。祈禱就像是與你的父母或朋友交談，是面對某個與你非常親近、有個人關係的人。你不應該覺得自己會受到神的評判，或覺得會受到懲罰，而在恐懼中祈禱。你是在與一個永遠不會離開你的親愛朋友談話。這位神永遠關心你。

第二個重要的因素是清晰。你必須非常清楚你祈禱的是什麼，將你全部的意圖和渴望一次專注於一件事情上。

當你與神連結時，有越多的愛和神聖的感覺，祈禱就會越有效。如果你祈禱破壞性的事物，就不會產生正面、吉祥的感覺。當你焦慮時，也無法產生正面、吉祥的感覺，你就無法調頻進入更高的智慧。感覺，是與神聖智慧或臨在的連接線。因此，你所請求的必須是來自於愛與接納，而不是憤怒或憎恨。

你必須感覺你的祈禱已經實現了，問題得到解決了，你得到祝福了。例如，你祈禱得到一輛車，你要看到自己駕駛那輛車，享受著開車的感覺，彷彿你已經擁有它了。

最後，在祈禱中必須有感恩。

如果你在祈禱中遵循以上這些，就會開始看到恩典迅速的回應。這就是你必須祈禱的方式。

●祈禱是什麼？

祈禱是你與神，或與造物源頭的連結。這取決於你。你可以如兒子祈求父親，或如僕人祈求他的主人般，向神祈禱；也可以是以父親的態度對待神。你可以命令祂，你可以要求祂，你可以責罵祂。你可以做任何你喜歡的事情，但你與神必須有連結，這連結就是我們所說的祈禱。

在這連結中，可能有乞討、可能有懇求、可能有崇敬，或可能有要求，所以在此有充分的自由。我們發現很多人確實責罵神、與神抗爭，卻還比那些崇敬神的人更迅速得到他們所要的。關鍵的要素是連結，把神當作你可以親密連結的人，當作你的母親或父親、你的朋友或老師，將神放在那框架中。

問題是你有多少連結；如果你沒有連結，祈禱就會失敗。但你與神可以是任何的關係，這是純粹個人性的。這就是為什麼沒有兩個人與神具有相同的關係，這來自於你的創傷、你的背景。而如果你有一個很好的朋友，將神當作那特定的朋友，然後與祂連結。

●神會實現什麼樣的願望？

許多年前，一個男孩前去參加幾間醫學院的入學考試，卻接連落榜了。男孩從小的願望是成為一名醫師，服務人們，那是他在生命中的熱情。儘管他在筆試得到了很好的成績，卻無法通過口試。男孩與父親搭火車前去參加最後一次口試機會，一位坐在對面的乘客詢問男孩為什麼這麼憂傷，父親解釋了原因。陌生人安慰男孩，告訴他不用擔心，他一定會成為醫師。幾天之後，當男孩前往口試時，他很驚訝的發現，原來他在火車上遇到的陌生人就是口試委員，於是他就被錄取了。男孩後來成為醫學院院長，服務他村莊的村民直到他過世為止。

當你的渴望是發自於心時，恩典就會協力為你實現，你就會遇見正確的人、正確的事情，渴望就會得到實現。渴望本身並不會造成痛苦。佛陀所指的是「渴求」，而不是「渴望」。渴求來自於缺乏愛與內在的空虛。佛陀想轉化世界的願望，也是一種渴望。

而頭腦的欲望是來自於比較、嫉妒、憎恨和貪婪。當它是頭腦的欲望時，像是：「他的兒子去了美國，所以我的兒子也必須去。」這種欲望通常不會被實現。檢查一下你的願望，看看它是心的渴望，還是頭腦的欲望？如果是頭腦的欲望，神就無法幫助你；如果是心的渴望，神肯定會給予你恩典。

●如何祈禱最有效果？

專注於解決方法上，而不是問題上。大多數時候，當你祈禱時，你都專注於問題上。請不要那麼做。例如，如果你想要金錢，不要祈禱說你有什麼困難因而需要用錢，只要簡單的說：「我想要這筆錢。」然後以彩色和三維的畫面觀想金錢，並充滿情感，彷彿你已經得到錢了，它就在你的手中。

其次，你在祈禱中要真實。當你看見自己內在真實的樣子時，你與神的連結就穩固的建立了，恩典就會很容易流動。如果你希望神以很強烈的方式在你的生活中，你必須非常的真實，你必須練習看見自己內在真實的樣子。如果你很真實，它就會發生。

第三，是在「突破性的狀態」中祈禱，而不是在失敗的狀態中。身體姿勢必須在突破性的狀態中，思想必須是突破性的思想。從這樣的狀態中來祈禱，而不是在失敗的狀態中祈禱。

祈禱實現的三個關鍵要素是：專注於解決方法、成為真實的，以及在突破性的狀態中祈禱。

你必須運用教導來擬訂正確的祈禱。每個正確的祈禱都會得到回應，無論是祈求金錢、健康、關係，或其他的事物。你會看到結果有多麼美。這就是你要祈禱的方式。

如果你能變得更快樂，如果你開始盡你所能的享受生活，神就可以以很戲劇性的方式幫助你。神需要你有更多的快樂，並開始享受生活。你在生活中所做的一切，無論是吃飯、散步或去度假，如果你能更享受生活、變得更快樂，那麼神就可以很迅速的幫助你。

● 哪些因素會影響祈禱的實現？

如果你有懷疑和恐懼，你的祈禱就不會得到回應。你必須跳進懷疑和恐懼中，全然去經驗它，然後懷疑和恐懼就會消失，你的祈禱就會得到回應。

當你在祈禱時觀想，你與神之間就會有更好的溝通。觀想，確實有助於你讓想要的事物更清晰。你越清晰，神就越容易幫助你。觀想，是真正的力量。但如果你做不到觀想，你也可以增強你的感覺。你可以以強烈的感覺來代替觀想，接下來你就能逐漸做到觀想。

恩典來臨的另一個決定因素是：你祈禱中的情感。如果有情感，回應就會非常迅速。有的人認為神洞察他們所有的需求，幫助他們過沒有壓力的生活，對於這樣的人來說，甚至在他們請求之前，神就已經這麼做了。

神基本上一直在幫助你擺脫困境。有時候，可能表面上看起來神是在考驗你，但實際上神是在防止你遭受更大的痛苦。例如，你祈禱獲得一份好工作，神卻沒有應允你，這是為了避免你遭遇某個既有的危險，或為了給予你某個更大的東西。

神會決定，你的願望對你來說，是不是好的。如果祂覺得對你來說那個願望是不好的，就不會回應你的祈禱。當祈禱沒得到回應時，你必須學習問神，為什麼你的祈禱沒有得到回應？如果你與神有很好的交流，祂就會告訴你沒回應你祈禱的確切原因，以及該做些什麼，採取哪些改正措施，接著你的祈禱就會得到回應。

●為什麼當我們無助時，神才能幫助我們？

當你可以自己處理時，神就不會介入。如果你可以自己處理，為什麼還需要神的幫助？但在某些情況下，你必須得到神的幫助，但你卻不會那麼輕易放棄自己處理。你向神祈禱，但背地裡卻有自己的計畫。你是絕望，而不是無助。你一直在擔憂，想著這情況如何得到解決？會被解決嗎？應該怎麼做？神可以做到嗎？如果會的話，神要如何給予恩典？神會賜予我恩典嗎？……這麼多的思緒籠罩著你的頭腦，你一直自言自語。即使當你記得神的時候，你也感到焦躁不安，你就是無法放下。

你的問題來自於你的頭腦。頭腦，就是分裂；頭腦，就是衝突；頭腦，就是受苦，就是困惑。那樣的頭腦可以做什麼？所以，你必須瞭解使用頭腦是徒勞的，你的頭腦是一切問題的根源。頭腦解決不了任何問題，我們說的不是數學或物理的問題，我們說的是關於頭腦的問題。頭腦本身就是問題，頭腦無法擺脫它的問題。

如果你瞭解了這一點，就會成為無助的。頭腦自然會安靜下來，恩典就會流入，就像一扇窗開啟了。請記得，臣服並不意味著你要成為神的僕人，而是將你的頭腦這基本的麻煩放到一邊。這是一種內在的過程。當你可以無助的放下時，神要賜予你恩典並不困難。

●表達感恩，如何有助於我們得到更多的恩典？

宇宙是如此構成的：如果有人以某種方式幫助你，而你表達感恩，這意味著心在運作。如果心在運作，你自然就會表達感恩；如果沒有感恩，表示心有問題。因此，如果你沒有感恩，首先你必須看看你的心出了什麼問題。

當感恩來臨時，心會發出一個訊號，幫助你的人就會收到這個訊號。當這個人接收到訊號時，你就會從那個人得到更多的祝福。假設你希望有人給予你祝福，可能是你的父親、母親或祖父，你可以告訴他們：「我要考試，請祝福我。」他們給予你祝福。你可以俯身在他們的腳前，腳上有一些能量通道。當你俯身時，你按著他們腳，這些能量通道連結到他們的心，從他們的心就會發出祝福。

同樣的，當你表達感恩時，它會直接進入幫助你的人的心，你就會從那個人得到更多的祝福。這是你的有利因素。在功能層面上，你知道你的心是沒問題的，這也意味著它是健康的。如果心表達感恩，它就是個健康的器官。否則的話，心就出了什麼問題。

另一件事情是，你可以大量的獲得更多祝福。你獲得的祝福越多，它就會進入你的善業帳戶中。就像是你的銀行帳戶一樣，你也擁有善業帳戶和惡業帳戶，這些帳戶都有記錄。如果明天你遇到一個問題，而你祈禱，神將做的是從你的善業帳戶中提取，接著解決你的問題。

假如，你的帳戶沒有善業了，神就會從你父母的帳戶，或某個其他的帳戶提取。如果都沒有人的帳戶存有善業，就會從宇宙的帳戶提取。它必須從某個帳戶提取，否則神無法展現奇蹟，無法真正幫助你。因此，藉著表達感恩，你自己的帳戶就會越來越豐盈，這可以幫助神在未來幫助你。

表達感恩，在你的生命中是最重要的。對萬物表達感恩，會擴展你的意識。你必須認出你是如何得到幫助的，因為你是受益者。如果有時你覺得很難表達你的感恩，你要與你內在的狀態待在一起，並沉思阻礙你表達感恩的抗拒。如果你這麼做的話，你的心自然表達它的感恩，你將自動得到更多的恩典。

●為什麼改善關係有助於實現願望？

願望得到實現的速度，取決於你的關係。當你的關係和諧時，要得到恩典就會很容易。如果你的關係是好的，你的心就是好的；如果你的心是好的，你的大腦就是好的；如果你的大腦是好的，你的免疫系統就是好的；如果你的免疫系統是好的，神就可以給予你恩典。

心、大腦與免疫系統有關聯性，這就是它運作的方式。如果你告訴神：「神啊！我有心臟問題，或腎臟問題、肝臟問題。」神基本上只透過免疫系統運作。而要神這麼做，你的心必須處於良好的狀態。

某些東西從心進入了大腦，再從大腦進入了免疫系統。在幾分鐘之內，神就可以療癒你。不僅如此，神可以以這個公式做許多其他的事情。這就是為什麼你的關係必須在良好的狀態中。如果你想要神的恩典，你必須改善你的關係，那麼神要幫助你就會很容易。否則的話，它會非常困難。

● 如何請求神使我們覺醒？

你可以透過許多的方法覺醒。在合一教導中，覺醒是來自神的禮物。你沒有做任何的事情，你唯一的貢獻是不抗拒神。透過不斷的與神互動，一旦你與神之間的連結建立了，你請求覺醒，神就會給予你。

從生理上來說，覺醒是個單純的過程。合一祝福啟動脈輪和亢達里尼，當亢達里尼流過身體上下的整個迴路時，覺醒就發生了。可以經驗到亢達里尼某種從海底輪流到頂輪的電能，它可以被感覺為熱、某種感覺或電能。我們沒有適當的科學術語來形容它，但它可以被經驗、看見與體驗。亢達里尼間接的被合一祝福所掌管。合一祝福是一種能量的形式，它與亢達里尼是相容的。然而在這過程中會有障礙和阻礙，亢達里尼必須對抗這些障礙。對於沒有太多障礙的人，亢達里尼會非常迅速的上升。這過程的障礙是心理障礙、前世、業力，其中有許多因素。當這些障礙被移除時，亢達里尼能量就會自由的上升。

一般來說，在第一回時，它上升到頭頂，然後下降。向上的能量是女性能量（Shakti）；在上面的是男性能量（Shiva）。這兩種能量會結合。在兩種能量結合之後，亢達里尼就會下降，穩定下來。上升、結合、下降的旅程，就是亢達里尼的整個過程。一旦這過程完成，你就覺醒了。它必須上升，一步一步的，在你的頭頂結合。這個男性能量和女性能量的結合，有時甚至可以在生理大腦中被感覺到，接著它就會下降。

當亢達里尼上升，進入脈輪和啟動脈輪時，大腦的那些部位就被激發了。大腦越被激發，神的降臨就越多。因此，一方面是亢達里尼的上升，另一方面是神的降臨。你有兩個三角形，一個上升、一個下降。它們在頂輪相會，然後再逐漸下降，停在海底輪，而不是一直必須在頂輪。這就像你進入高峰狀態，接著下降，但不是下降到底線，而是介於兩者之間，停在那裡。

亢達里尼可以沿脊椎上升，從身體的前面下降；或者從身體的前面上升，從後面下降。這導致兩種不同的經驗，但它最終都會下降。它會上上下下，在完整的一圈之後，你就覺醒了。神的工作是使亢達里尼上升、結合、再下降，這是神給予你的幫助。但你必須透過移除障礙與神合作。你要如何移除？透過改善關係、更專注、練習教導和實修，這是神需要從你那裡得到的合作。

你不應該認為亢達里尼會永遠上升。它上升、上升、上升，最後到達頭頂，停在那裡一段時間，然後下降。在初始階段，亢達里尼不能長久維持，它會下降。有時它會保持下降一段時間，這期間可能被不舒服的經驗為「靈魂暗夜」。你必須允許這個過程，因為能量在本質上是引導性的，有自己的智慧，知道要做什麼。

要使亢達里尼移動，讓你覺醒，它必須以特定的方式移動，而這不在你的控制之中。你所能做的是，對於你無法對此做什麼的事實感到無助。覺醒，是影響大腦神經元連結的生理轉變。這是一個非常複雜的過程，它的發生需要刪除某些連結，並形成某些新的連結。你無法自己做到這些，無法自己進行手術。為了做到這一點，你必須與自己的內在神連結，它透過以下幾點發生：

- 首先看到你是無助的，無法自己做到。
- 當你看到自己是無助的，就會臣服。
- 祈求神的幫助，呼請你個人的神。

這一切都會迅速的發生，有時在你祈禱之前，轉化就會發生。在你的部分，需要的是看見和瞭解你是無助的，內在神就會啟動這個過程。你必須是個充滿熱情的求道者。但當你瞭解無法靠自己做到時，你就會臣服，而神將接管。

● 我們可以不請求神，僅靠自己的努力嗎？

在合一教導中有兩條途徑，長的途徑和短的途徑。長的途徑你只仰賴自己，你付出努力，不仰賴神，它完全是你的努力，你可以選擇採用這種方式。另一種是你仰賴神為你做事情，當這發生時是非常迅速的。你自己選擇想要的方式，你可以說：「我不想要神，我會自己做。」這是完全沒問題的。

但有些人會說：「我需要神的幫助。」那就接受神的幫助。在這裡，「神」指的是「你個人的神」，你所創造的神。祂可能是基督，也可能是聖母瑪利亞，也可能是佛陀、克里希納，可能是任何的神，這都是你的選擇。你必須創造自己的神，這是非常關鍵的。如果你創造一位會評判、懲罰你的神，就不會得到很多。這取決於你。你必須創造一位充滿愛的神、仁慈的神、不會評判的神，會很迅速幫助你的神。如果你有那樣的神，就會從神得到幫助。

假如你的問題是來自於你錯誤的程式，你的程式阻礙你創造財富，或在你的生命中造成障礙或疾病，那你應該請求神清除一些程式。無論是在受孕的那一刻、在子宮內時、分娩時，或出生後六小時內、前六年，這都可以被改變。

假如你想要財富，你可以請求，就會得到財富。你的神會告訴你錢何時來、怎麼來，你會得到錢。假如你想要人生伴侶，就請求有伴侶，你就會得到伴侶。如果你想要孩子，就會得到孩子。你可以得到任何東西，這是你和神之間的事情，你的神會給予你。

你可以請求覺醒，請求轉化，它是非常迅速的。大腦被重新建構，一切就發生了。你請求無條件的愛，心就轉化了，接著你將發現了無條件的愛。對此唯一的問題是，有時你會想：「這怎麼可能？」這就是問題所在。你必須像孩子般，因為孩子是天真的。如果你能成為天真的，這就是很簡單的事情。

你必須瞭解的是，無論你是誰，無論你是什麼，就算你是世界上最可怕的罪人，你的神都不會評判你。你的神愛你、接納你、願意為你做任何的事情，你必須很清楚這一點。如果你譴責自己，或評判自己，這就不會發生。你必須知道的是：你的神對你只有愛。

第十章　經常與神對話，連結就會加深

只有當人祈請神時，祂才會來臨。你越常祈請神，神就越常來到你的身邊。如果我們一天只祈請神一、二次，或只在我們需要幫助的時候，才祈請神的幫助，這是不夠的。在一整天中，我們都應該與神有強烈的關係。

我們允許神來到家裡，卻認為我們在辦公室和學校中不需要神。因此，我們將神留在家中，自己去到辦公室、學校和大學裡，那麼神如何在這些地方幫助我們呢？

一個學生寫信給神說：「神啊！為什麼當我的同學在學校中被謀殺時，你沒有救他？」神回答道：「我親愛的憂心的孩子，我無法幫助他，因為那裡沒有人祈請我的幫忙。」

話。

與神對話，是請求神幫助最簡單的方法。祈禱，就是在祈請神之後，與祂對話。

●如何與神建立連結？

你必須從改善你與父母、伴侶或子女的關係開始。你必須在關係中發現愛，即使是有條件的愛。除非這些關係改善了，否則你與神的關係不會改善。你與神的關係反映了你其他的關係。你不能說：「我愛世界上的每一個人，但不愛神。」你也不能說：「我愛神，但不愛這世界上的任何人。」這是一體且相同的。

人們通常談的神稱為「內在神」，你可以在自己的內在看見祂，與祂對話。如果你只稱神為「宇宙」，就無法與內在神建立個人關係。因為我們是人類，所以你必須將宇宙縮小為一個「人」，這時才有可能連結。首先，你要將神塑造成與你關係最好的人的樣子。假如你與母親的關係非常好，那麼最好將神塑造成你母親的樣子。假如你與丈夫的關係非常好，那麼最好將神塑造成你丈夫的樣子。

假如你與朋友的關係非常好，那麼就將神塑造成你朋友的樣子。

如果你將神放進你父親的樣子中，而你對自己父親有一種特殊的嚴格方式，你也可以這樣對神。這是沒有問題的。你應該盡量一致，用你與父親的關係對待神，那麼連結就會變得很深刻。你沒有必要裝作親切與溫和，這不是必要的。與神相處，應該反映出一些你已知的關係，並將完全相同的模式套用到神身上，如此內在神就會變得非常強大。

許多年以前，在我們的中心有個小男孩想要洗澡，那天天氣非常寒冷，他祈禱神將水變熱，但他只是說：「神啊！」這不具任何的意義。最後他喊道：「爸爸！」然後水就變熱了。用「父親」稱呼神，表示他能夠與神建立起連結，建立起關係。

所以如果你只是說「宇宙！」，那什麼都不會發生。你必須將宇宙縮小為具體的「人」，如此才有可能。訣竅是將神當作某個你認識的人來連結，很快的，你就會發現自己得到了神的回應。

●如何與神進行對話？

你可以與神對話，然後就會得到回答。回答可能是以你自己的思想、直覺，或以清晰的聲音的形式來臨。你可以提出問題，並將得到答案。你可以祈禱，並將得到回應。以這樣的方式，你就會確定：「是的，我與神連結著。」

你必須盡可能與你的神多交談。即使你沒有看到你的神回應你，你仍然必須持續與神交談。如果你將神塑造成母親的樣子，你必須將神當作母親來對話，把神當作你的母親，她在傾聽你說話。與神對話沒有特殊的方式，就是你與父母、朋友對話的方式；在對話中必須有情感，如果沒有情感，所有的對話都是沒有用的。當你持續對話時，連結就建立了。一旦建立起連結，你可以請求任何你想要的事物，你也將得到。

每個人都應該去嘗試，找出你與神互動最合適的方式。有的人與神嬉戲，有的人與神抗爭，有的人勾引神，有的人與神溝通。哪種祈禱方式適合你，取決於你的教養、背景與文化。你應該做任何對你來說是自然的事情。然而，關鍵是與神有強烈的連結。

一旦你與你的神成為朋友，你們可以同行和對話，一起吃飯，玩在一起，彼此相處得很快樂，你與你的神確實成為了朋友。而且你也不用祈禱，就是提出要求。在印度，有人與他的神一起去看電影。而在另一個場合，有人與他個人的神去酒吧喝酒。這些是可以在朋友之間發生的任何事情。

●如何加深與神的關係？

首先你必須仔細想想，然後列出你可以認出神的手在幫助你的每一個事件。你必須回憶起這些事件，並且一件接著一件，向神深深表達你的感恩。感恩是靈性成長的關鍵要素。當你這麼做時，就會發現你與神之間形成了一些連結。

接著你要在困境中，向神祈禱。當你得到了幫助，就會明白：「是的，我的心思被聽見了，我的祈禱得到回應了。」你與神之間的連結加深了。在這之後就很容易了，你知道如何與神連結，也知道神會回應你。

每當你有疑問：「是神在說話，或我的制約在影響答案？」這時，最好的方法是與神對話，詢問祂：「這是祢的想法，還是我的制約？」內在指引就會澄清情況。如果是來自於神，你會有非常好的感覺，尤其是在你的胸部區域會有一股美好的感覺，這表示是來自於神，而不是你的頭腦。之後它當然會應驗，你就知道：「是的，這是來自於神。」你會有信心。隨著信心增長，頭腦就不再干涉了。只有當你缺乏信心時，頭腦才會進入。當你很有信心時，頭腦就慢慢消失了。在此之後，就像平常與人交談一樣，你可以與神如此的親近。

在困難的情況中，與你內在的神連結是最重要的。要讓這發生，你必須在你與內在神之間建立起很好的連結。當這發生時，情況越有壓力，你就越能輕易的與神連結。如果你能與神連結，一切都會得到照顧。如果神成為你的朋友，你可以很輕易的面對危機。許多人曾在一段時間中，對於他所面臨的問題什麼都做不了，但在他們與神交談之後，問題就得到化解了。

● 什麼因素會阻礙我們與神的連結？

為了更接近神，我們必須改善你發生在子宮內的成長階段。這些是最關鍵、最重要的因素。除非它們被改正了，否則要與神有深刻的連結是很困難的。神是不能以思想教授的東西，它與頭腦無關，而是活生生的事物。它不能被空間所控制，也不能被時間所控制。既然它是活生生的經驗，它總是在當下。如果我們要達成這點，頭腦就必須保持安靜。

改正子宮內發生的事情的影響，最簡單的方法，就是改善你與父母的關係。當這情況發生時，所有發生在子宮內的事情都會得到清理。除非你與父母和祖先有很好的關係，否則你與神的關係不會得到改善。這是關鍵。

與神的關係，取決於你與父母的關係。你必須在這方面下功夫，改善你與父母的關係。一旦你與父母的關係改善了，你與神就會非常親近，此後你通常可以得到你所請求的。因此，祕訣在於改善你與父母的關係。當你改善了與父母的關係，神在你的內在就會非常有威力，祂會在任何你需要的時刻和場合，帶領你、幫助你。

●為什麼我有時與神很有連結，有時又喪失連結？

你與神的連結，取決於你亢達里尼上升的程度。亢達里尼持續的波動，當它超過特定的點時，你與神的連結會很好。當亢達里尼下降到一個點以下時，你就失去了連結。亢達里尼基於各種因素不斷上升和下降：你的飲食、健康狀況、你所處的環境，其中許多因素都會影響亢達里尼。當亢達里尼下降時，你會喪失與個人的神的連結，而在一段時間之後，它又再次回來。當它再次回來時，你就會重新連結上神。

你對神的信任，取決於你亢達里尼的層次。假設有一個聖人的亢達里尼在早晨很高，他對神就會有很大的信任。假設在傍晚時，他的亢達里尼下降了，就會喪失對神的信任。這發生在偉大的大師和聖賢身上。

過程也是如此，有時強烈，有時下降，這一切都取決於亢達里尼的層次。假如你想成為一個偉大的戰士，你的亢達里尼必須很高；你想成為一個偉大的音樂家，你的亢達里尼必須很高；你想成為一個偉大的畫家，你的亢達里尼必須很高；你想成為一個偉大的科學家，你的亢達里尼必須很高。如果你想在任何領域達成偉大的成就，你的亢達里尼必須很高。同樣的事情也適用於靈性，這意味著信任、對神的愛和所有你聽過的事情，這一切都取決於亢達里尼的層次。

亢達里尼被你那天所吃的食物、天氣，以及一般能量場所影響著。許多事情都影響了你的亢達里尼。景象、氣味和你聽到的聲音，這一切都影響著亢達里尼。亢達里尼不斷的波動，它不是穩定的，而是不斷上上下下移動。有時早晨很高，晚上很低；有時晚上很高，早晨很低。

因此，當這種情況發生時，你必須明白的是，你對所發生的情形沒有責任。你要學會不去責怪自己。如果你一直自責，情況就會變得更糟。你所必須做的是，與事實待在一起，與你沒有信任神的事實待在一起，僅此而已。只是與它待在一起就足夠了，信任就會自動的再度回來。

●無論我多努力都無法與神連結，該怎麼辦？

合一教導是從你所在的地方開始，而不是從你想去的地方開始。看見你沒有意識到神的事實，看見你與神沒有關係的事實，就是待在那裡，一切就會自動發生。如果你離開事實，試著去建立連結或發現神，那什麼都不會發生。意識到你的情況，覺知到你的情況，接納你的情況，然後接受合一祝福，過程就會開始。

第十一章　與神合一，帶給你極致的喜悅

如果人體的細胞是個人，那麼細胞構成的身體就是神。沒有神是沒有人類的，也沒有人類是沒有神的。人與神不是分離的，人與神是同一個現實的兩端。在人與神彼此的仰賴中，是這份永恆關係的喜悅。

●如何聆聽神的指引？

對我來說，唯一真實的是「心」，只有心說的是真理。心可能會說：「幫助他。」幫助他就是完美的行動。心也可能會說：「不要幫助他。」那麼不幫助他就是完美的行動。為什麼心在這情況下說去做，或說不要去做，你並不瞭解，因為這是來自於宇宙意識，來自於神本身的指引。我們無法瞭解為什麼神說這個，

為什麼神說那個。聆聽你的心，就是聆聽神的話語。

對我來說，部分必須服從於整體。你是「部分」，除非你成為神，了悟神性，與神合一了。「整體」顯現為「心」，你必須服從於整體——神，或是你的心。如果心說：「做這個。」那就去做。如果心說：「不要去做。」無論它說的是什麼，你都不應該去做，這就是服從於心。今日的人類不服從於整體，不依循自己的心，而只依循自己的頭腦，這就是為什麼世界會一團亂。

當人們覺醒時，心就綻放了，他們自然會依循自己的心，也就是依循神的旨意。如果每個人都依循神的旨意，地球上將不會有問題。當我們不依循神的旨意時，我們以為依據的是自己的意志，這不過是個幻覺。

●神在人類生命中的意義是什麼？

一切事物都來自於一個源頭，這可能是神或能量。對於生命，沒有開始，也沒有結束。如果你認出這個源頭，就不會將事物區分為好的或壞的、對的或錯的，這一切都是我們的觀點。

生命，不過是你對「自我」的搜索。在你的生命中，發生在你身上的事情，你所看見的人們，都反映了你的「自我」。如果你受苦於貧窮，這意味著你自己有什麼問題，你必須改正這個，以脫離貧窮。如果你有憎恨，那麼無論你看到誰，他們都會表現出相同的特質。如果你有邪惡的思想，你所遇到的人也會有邪惡的思想。試著先瞭解你自己。

瞭解你這一生中，所經驗的任何事物都是神的恩典。假設你走路時滑跤，試著去瞭解這也是神的恩典。如果你在一切事物中都看見神，你的生命將變得美好。瞭解你在此生中所經驗的任何事物，都僅是神對你的考驗，而不是一個壞的經驗。如果它被認為是壞的經驗，這就意味著神是不慈悲的。如果你遇到一個問題，將它視為讓你去面對它、並從它走出來的一次機會。你已經得到了讓你可以去面對挑戰的人、財富與信心。如果你瞭解了這一點，你的信心就會提高。就是為了考驗你的信心，神才給予你考驗。如果你瞭解到你所經驗到的任何事物，都是神給予你的考驗，你就可以對問題思考得更深，並以更好的方式來處理它，你會瞭解它的結果，並將無所畏懼。

如果你瞭解了這些真理，在你身體中就會有巨大的轉化。從此之後，你不僅擁有了慈悲，也會成為那份「慈悲」。如果你遵循這點，你的關係將有所改善，你將不再有恐懼和悲傷，只有喜悅。不要試圖以邏輯分析這點，如果你遵循這些真理二十一天，就會很喜悅。我們的問題在於只散播悲傷與痛苦，這就是為什麼地球在垂死。在你經驗喜悅與快樂之後，可以將喜悅與快樂散播給別人。

●覺醒和了悟神性，有什麼關聯？

覺醒和了悟神性，有很大的不同。

當你覺醒時，你在轉化的意識狀態中，你對生活有著不同的感知。在了悟神性中，你與神是一體的。每件發生在你身上的事情，你都會在其中看到神。你在每個人和每個情況中都看到神。無論什麼發生在你身上，你都會看到其中的神。在這種狀態中，你可以要求任何的東西，也都會得到。

覺醒的人，不一定了悟神性；了悟神性的人，也不一定是覺醒的。但也有同時是覺醒和了悟神性的人，例如拉瑪那馬哈希，他是全然覺醒又了悟神性的人的經典例子。

如果你先覺醒了，很容易就可以了悟神性。如果你先了悟神性，很容易就可以覺醒。當你了悟神性時，可以與神同行和對話，無論你想要什麼，都可以向你的神請求。在你的意識中有了巨大的轉化。

當你覺醒時，「你」是不存在的，是空的。然後更高意識會降臨在你的身上，我們稱這為「臨在」。當你是空的時候，臨在就有可能接管。成為空的是一回事，而被臨在接管則是另一回事。你可能是空的，但你可能沒有愛或喜悅。一旦你成為空的，並且被臨在接管了，就會有愛和喜悅——無條件的愛和無條件的喜悅。此後，臨在就會帶你進入更高的狀態。當你進入更高的狀態，會發現臨在就是神。當你再進入更高的狀態，你會發現你就是那位神。最終的發現是，你與臨在是一體的。

對於未覺醒的人來說，有祈禱的人和祈禱的對象。對於覺醒的人來說，沒有這樣的區別，祈禱就是發生了。例如，基督向他的天父祈禱時，基督說：「我與父原為一。」覺醒的人感覺到「一體」，祈禱會自然發生在他的身上。

就大腦來說，了悟神性和覺醒是類似的，但涉及了大腦的不同部位。這與大腦額葉有很大的關係，當額葉被激發時，就會成為神的天線，你將實際看到神，可以與神對話。當然，你會遇到的神取決於你的制約。基督徒會看到基督教的神，伊斯蘭教徒會看到伊斯蘭教的神，而印度教徒則會看到印度教的神。

●與神合一是什麼？

我們的願景是消除人與人之間的疏離感，一個人必須與另一個人感覺很親近，無論是他的妻子、丈夫、兒子或陌生人，都必須感覺與他很親近，感覺到連結與合一。我們從內在的合一開始，以世界的合一結束，然後我們會到超個人，也就是神，最後你必須與神合一。

你與神並不是分離的，神就是你自己的「高我」，而你與自己的高我疏離了。並不是你要與外在的神融合，不，神已經在你的內在了。你就是神，但你感到分離，這分離感必須消失。這就是為什麼我說，對合一而言，我是神，你是神，螞蟻是神，大象是神，神成為了這一切。愛滋病患者也是神，他是患有愛滋病的神。患有H1N1病毒的人是神，他是患有H1N1病毒的神。因此，當你在幫助他時，你是在幫助神。既然一切都是神，你就是在幫助神。

這將成為你實際的經驗，不是一種理論，不是一個概念，也不是一種信念。如果你是個堅定的基督徒，也許你會厭惡與神合一的想法，這是個人性的，你可以停止與神合一，你可以停在某個地方。如果你是個伊斯蘭教徒，你不被容許這樣做，那你就不應該這麼做。但有的人並沒有任何的問題，你會看見自己已經是神了。

我們所說的神就是你自己的「高我」，因為你確實是神。但不幸的是，你有與神分離的幻覺，覺得神是你無法接觸的。祂實際上就是你自己。當我們前進時，你會與神非常親近。如果沒有障礙，如果沒有文化或宗教的制約，你會發現其實你就是神。對合一來說，神成為了萬物。你在萬物中所見的一切都是神，神成了萬物。例如，當我看著你，與你說話時，對我來說，你是神，我是神。

唯一的差別在於你是有特定問題的神，你是受苦於你不是神的幻覺的神。而我是神，我沒有這個幻覺。因此，這位神想幫助受苦於幻覺的那位神，僅此而已。然後，你會發現：你和我是相同的。這是我想撕開的幻覺。

神是自己的高我，這就是它整個的美。我們看見的螞蟻，是神變成的螞蟻，這就是為什麼在印度我們有個詞是「乞丐神」，這意味著你看見的是神變成的乞丐；你看見的瘋瘋病人是神變成的瘋瘋病人。因此，神是一切。成熟的神、未成熟的神、殘忍的神、慈愛的神，神是一切。這就是為什麼當我幫助你時，我不是在幫助你，我是在幫助神，我是在幫助我自己。你會發現同樣的事情。

這裡的整個目的是拆除這個幻象，你唯一的問題是你有這個幻象，而我們想將這幻象拆除。一旦我們將這幻象拆除了，你就會自己發現。如我所說的，如果真理不是你的親身體驗，仍然是不真實的。這將成為你的真理，你將成為神。這就是這世界的目的，這就是合一，最終的合一。我們從內在的合一開始，消除內在的衝突，我們從那裡開始，以成為神本身結束。

●與神合一會帶給我們什麼？

人是被設計來經驗無限的喜悅。如果你買了一輛汽車或一幢平房，或是你結婚了，你會有一些快樂、一些樂趣，但你仍舊不知道真正的喜悅是什麼。真正的喜悅是無條件的、無限的。如果你坐著，就可以經驗到巨大的喜悅；如果你走路，就可以經驗到巨大的喜悅；如果你呼吸、飲食、觸摸，看著樹葉飄落下來，或做任何的事情，都可以經驗到喜悅。任何的事情都可以給予你喜悅。只有擁有這樣喜悅的人，才是真正的人類；沒有擁有這種無限喜悅的人，則不是——因為這樣的人沒有在生活。所有偉大的靈魂都擁有這種愛與喜悅，因為他們的內在擁有更高的意識。

如果你看拉瑪那馬哈希，在他內在有濕婆神，所以他是拉瑪那馬哈希。這就是為什麼當他死時，濕婆神又回到阿如那查拉山，在清奈的人們看到火焰飛回去。如果你看奧羅賓多（Sri Aurobindo），甚至在他過世二十三天之後，身體依然沒有腐爛，因為克里希納神在他的內在。如果你看拉瑪克里斯納（Sri

Ramakrishna Paramhansa），卡利女神在他的內在。對於耶穌也是同樣的，在洗禮的過程中，基督進入他的內在，這就是為什麼他擁有那樣的愛、那樣的喜悅。擁有那樣的愛與喜悅，就是造物的目的。

這個造物已經一百五十億歲了。它的存在只是為了你讀書、上大學、工作、做些生意、賺些錢、結婚、生子、變老、像蟲一樣死掉，這樣的單純目的嗎？那麼創造這世界的神，或任何創造這世界的力量，一定是個笨蛋，因為這不是生命的目的。生命的目的，是為了經驗愛與無限的喜悅。當你與神合一時，一切的存在都是喜悅。

●與神合一有助於我們經驗到愛嗎？

我們談的愛不是一種情緒，也不是某種力量。這種愛無法被談論，但我們可以告訴你它不是什麼。父母對孩子的愛不是這樣的愛，男女之間的愛不是這樣的愛。你對朋友的愛也不是這樣的愛。它不是執著，不是占有，不是關心，也不是關懷，這些都不是。這樣的愛是創造宇宙的材料，是宇宙的原料，是你的本性。如果你越來越深的進入真實，存在的是空，一切都是空的。

這個空就是「愛」，這就是我們所談的「愛」，它必須被經驗。在第一個層次，你必須覺醒。在第二個層次，神聖存有必須進入你，唯有如此，你才會知道「愛」是什麼。否則的話，它是超乎你所能理解的。我們不是在譴責你現在所經驗到的愛，這種愛是完全沒問題的。

我們所談的是，那種「愛」是沒有原因的。如果你看到某個人，就會有那種「愛」；如果你看到一隻螞蟻，就會有那種「愛」。那種「愛」是沒有原因的。你所知道的愛必須有個原因，它必須是你的孩子、妻子、朋友，那麼你才有愛。另一方面，當你經驗到毫無原因的愛，你就在合一之中了。你不再與狗、痲瘋病人、乞丐，或富有的人感到分離，而是完全的合一。這是源自於合一的愛。因此，這種愛是毫無原因的。

●如何與神合而為一？

要與臨在接觸，你必須能清晰看見自己的內在。當你練習看見自己的內在時，就會接觸到真正的問題；當你接觸到真正的問題時，所有的內在衝突就止息了；一旦內在衝突止息時，思想就會減慢，最後思想就完全停止了；當思想停止時，臨在就會進入。

臨在就是覺知，當你越來越靠近實際發生在你內在的事情，你的覺知增強時，臨在也會增強，而臨在就是神。到達一個點時，臨在就會充滿。當覺知充滿時，臨在就會充滿。隨著臨在充滿，這一切就完成了。在那個點時，你就可以說：「我是神。」因為你成為了臨在。因此，覺知意味著：某件事情正在你的內在發生著，而你越來越靠近它。在第一個層次，是沉思。在更深的層次，是靜心。在最後的階段，你的覺知越來越強烈。當覺知充滿時，臨在就會充滿，你就與神合一了。

當內在神、神或臨在進入你時，在你的胸部區域會有一股美好的感覺，你會覺得很愉快。接納、無衝突、愛、喜悅、慈悲，這一切都是臨在的特質。當你得到臨在時，你也得到了這些特質。

●當我們持續與神融合時，對身體有什麼影響？

當你持續與神融合時，你的身體會變得非常強壯。事實上，我遇過一位印度聖人，他在一九八四年時曾與我會面，此後在他身上發生很多事情。他被埋在地下約九十二天，他被進行了許多的測試，他沒有呼吸，心跳是零，但在九十二天之後，他完全活著。這個人恰好是個對抗療法和阿育吠陀醫學的醫師，有許多經歷。現在他已經超過七十歲了，但看起來就像三十五歲。沒有一根白頭髮，沒有鬆弛的肌肉，然而他已經超過七十歲了。

許多年前，我遇到一個師父，我無法猜測這個人的年齡，但我想他大概是三十五歲。而他的弟子看起來非常老，所以我想也許他們有個年輕的師父，後來我才知道他其實很老。

這些人與神有這麼深的融合，看起來他們的身體甚至可以永遠持續下去。因此與神融合肯定會影響你的健康，你確實會變得非常強壯。除非師父選擇去承擔別人的業力，像拉瑪那馬哈希，則可能會得到癌症，這取決於你選擇怎麼去生活。

● 在與神合一的道路上前進時，會有什麼變化？

當你在與神合一的道路上前進時，會發現有一分鐘你是神，下一分鐘你又不是神了。一段時間之後，你會發現其實你與神是相同的，但有時你有合一的感覺，有時又有分離的感覺。那時你對人們就可以有非常大的幫助。

你會真的發現自己與神是合一的，你實際上就是神。這會一直持續下去，唯一一點是，當你進行下去時，你經驗到與神合一的時間就會更多。你會真的成為上帝、光、神，或任何你想對祂的稱呼，這一切都取決於你。當你更深入時，你的身體形態也會受到影響。這一切是沒有止境的，這些是很自然、自動發生的事情。

第十二章　合一祝福的轉化性力量

合一祝福（Deeksha）是神對人伸出援手，將神聖能量傳遞給人的現象。給予合一祝福的人，成為了神的管道。合一祝福可以促進大腦神經生理的變化，從而帶來人類意識的轉化。大腦是我們所有生命經驗的中心，你經驗的品質取決於大腦各個中心如何被激發或抑制。無論你有什麼智性的瞭解或靈性的智慧，除非它影響了大腦的生理結構，否則你對現實的經驗都不會有真正的轉變，最多只對生命有更好的瞭解，但沒有對生命有更好的經驗。

合一祝福可以為生命添加這份經驗。因此，合一祝福並不局限於任何的傳統、文化或宗教，它僅是將經驗添加進我們所遵循的宗教中。舉例來說，如果你是基督徒，合一祝福可以給予你耶穌所說的「無條件的愛」的經驗；如果你是佛教徒，合一祝福可以給予你佛陀所說的「空」的經驗；如果你是印度教徒，合一祝福可以給予你「與整個宇宙合一」的經驗。

在世界各地舉辦的「合一覺醒課程」中，接受點化與訓練的任何人，都可以傳遞合一祝福。合一祝福給予者的功能，就像是一個中空的管道，將能量傳遞給接受者。

●合一祝福如何幫助我們與神連結和覺醒？

合一祝福在大腦上運作，會激發大腦的某些區域，以及抑制大腦的其他區域，這是神經生理學的方面。當這發生時，你就可以與神連結，開始如運用風力或太陽能般的運用神聖能量。

人類的頭腦就像一座牆，這座牆將人與神分隔。合一祝福是一種電能，能夠在這道我們稱為「頭腦」的牆上打出一個洞。當我們給予合一祝福時，就像是傳遞一個電能，而這電能影響了大腦、脊椎與內分泌腺或脈輪。大部分的工作是在大腦的頂葉與額葉進行的。額葉受到激活，而頂葉受到抑制，再加上某些能量被傳遞進內分泌腺，去重新啟動脈輪。這一切在頭腦中創造出一個洞，神與人之間的連結就建立了。當這發生時，神與人就能互相連結。

你與神連結的方式，取決於你的背景、訓練、渴望、教育，其中有許多的因素。是神在給予覺醒，無論你稱祂為神、宇宙意識或大自然——你可以用你想要的方式來稱呼祂。然後祂就會在感官上運作，使感官從頭腦的束縛解脫。當這發生時，「自我」就會消失。此後，所發生的就是神的工作了。

因此，覺醒是透過神傳遞的，這是很複雜的過程，只有神能完成。

●合一祝福可以使我們放鬆與平靜嗎？

你不應該在憂鬱、焦慮、悲傷與暴躁的情緒中生活，這會干擾你享受生活的自然能力。大多數的情緒失衡都是由於未滿足的營養需求、大腦或身體化學的機能失常，以及盲目接受的觀點。今天科學已經證明每種情緒在大腦中都有相應的化學反應發生。當你經驗到恐懼或壓力等情緒時，下視丘會釋放一種叫做「神經胜肽」的化學物質和複合胺基酸，這些都流入了血液中。

這些神經胜肽透過血液到達各個器官的細胞，卡在細胞接受器中。一旦這種情況發生，這些細胞就得不到任何形式的營養與滋養。這些細胞又會進一步增生，創造類似的不健康細胞。這就是為什麼任何藥物或治療對於長期有負面情緒的人依然是無效的。

身體性質的設計是為了經驗狂喜、愛與喜悅的情緒，但它也知道恐懼與為生存的奮鬥。當我們面臨挑戰時，就會觸發大腦處理負面情緒（例如恐懼、孤單與挫折）的化學物質。最後你的大腦就會變得精疲力竭，造成邊緣系統中的傳導物質與荷爾蒙的失衡，使你變成一個情緒過度反應的人。

然而，我們也可以激發那些處理愛、技能與解決方法的大腦區域。對於合一祝福的研究顯示，合一祝福可以激發大腦的某些區域，這些區域即使經過多年的靜坐也不會被激發。合一祝福已被證明是個強大的工具，可以使身體回歸完全的健康狀態，以及使頭腦回歸放鬆與平靜的狀態。

●合一祝福可以改善身體健康嗎？

我們看見健康出現了引人注目的改善，因為由負面思想、創傷所造成的疾病，都會在適當的時候消失。對於許多人來說，他們不僅會免於頭腦，頭腦內也會有所轉化，他們的健康就會恢復。我們認為思想創造了身體與環境，如果我們改變了思想結構，身體也會跟著轉變。合一祝福具有重新組織思想的力量。一旦這發生了，生理上瞬間就會出現引人注目的改變。

當我說到思想的轉變，我指的是意識的轉化。你可以藉由轉化的意識創造奇蹟，使事情發生，使它們消失，你可以做任何你想做的事情。實際上你就是神，因此你可以創造。人們並不瞭解自己擁有什麼力量。一旦你瞭解了這點，這是輕而易舉的。

●合一祝福如何化解生活中的問題？

你存在的核心是恐懼。雖然我只用「恐懼」這個詞，實際上它包含了成千上萬種的恐懼。一個恐懼可能轉化為癌症，如果我們化解了那份恐懼，癌症就會消失。如果我們在一分鐘內化解了恐懼，癌症就會在一分鐘內消失。如果我們花六個月的時間化解恐懼，那就要花六個月的時間讓癌症消失。

同樣的道理，也適用於所有的疾病和所有的問題。一個特定的恐懼轉化為財務問題；另一個恐懼轉化為關係問題；某些恐懼阻礙你覺醒。這些恐懼不過是傷痛。我們幫助你處理財務問題或健康問題時，是透過合一祝福與各種方法化解相應的恐懼。

●合一祝福如何有助於我們取得成功？

所有的人都被程式控制著。程式取決於你的前世、受孕時、你在子宮內發生的事情，當時你父母有什麼樣的談話或思想，以及分娩的情形如何、出生後六小時內、前六歲發生了什麼。

程式有正面的部分，以及負面的部分。如果你有很多正面的部分，就會有很成功的人生；如果你有太多負面的部分，在生活中就會遇到問題。然而，這一切都可以透過合一祝福改變。你在子宮內所發生的，分娩時和出生後六小時內的經驗，都可以得到改變。你可以啟動正面的部分，摧毀負面的部分，這可以透過合一祝福完成。

●對接受合一祝福的人，要有什麼樣的觀點？

在合一教導中，無論什麼都是神，只有神存在。我是神，你是神，合一祝福給予者是神，每個人都是神。我沒有分離的幻象，而你有分離的幻象，合一教導就是拆除這個幻象。因此當你給予合一祝福時，最重要的是瞭解在你面前的人是神，這位神有問題，受苦於與神分離和擁有問題的幻象。你在幫助神。神透過神

（也就是你自己，但你還未意識到自己是神）來給予人（他也是神，但在痛苦中）幫助。你不該認為自己是在幫助某個不幸、受苦的人，你必須認為自己是在幫助某位不幸、受苦的神。如果你可以用這樣的方式看待事情，合一祝福就會變得非常有威力。

最初，你可以從智性上的概念開始，慢慢的，你會開始得到洞見。到某個點時，你將明白這的確如此。給予的人是神，接受的人是神，給予的動作也是神，一切都是神，這將成為你生活的實相。如果你擁有這個願景，很快的，你就會意識到自己正朝這方向迅速的前進著。

●如何給予效果良好的合一祝福？

你的心要綻放，學會傾聽別人，真正感覺到別人。當有人訴說他的財務問題，你要站在他的位置上，看見他有什麼痛苦，以及想要什麼，你就會開始同理他，然後才給予合一祝福。你必須從心來感覺，「心」扮演著關鍵的角色。如果你只是在頭腦裡，但心中沒有溫暖，合一祝福不會真正有效。

要增強你給予合一祝福的力量，你必須很清楚對方希望什麼，然後在與神祈禱時，看見解決方法的畫面。當你持續這麼做時，會發現你給予了更明確的結果。一旦你看見結果來臨，信心自然增加。隨著信心增加，合一祝福的力量增強了。你給予越多的合一祝福，管道越淨化，開啟了過去封閉的部分，合一祝福就會變得更加強大。

如果合一祝福給予者本身是覺醒的，或在很高的意識狀態中，他給予的合一祝福實際上是非常不同的。有的合一祝福給予者可以將你帶進愛的狀態，有的可以將你帶進喜悅的狀態，有的可以將你帶進寧靜的狀態……有不同特長的合一祝福給予者。給予的人是至關重要的。

●可以給予身心障礙兒童合一祝福嗎？

任何人都可以接受合一祝福。在透過意圖給予合一祝福之前，不須尋求別人的許可。給予自閉症和發展遲緩的兒童合一祝福是很好的。許多例子顯示，持續給予合一祝福六個月的時間，可以減輕自閉症、發展遲緩的兒童在技能和行為能力上得到極大的改善。合一祝福對於各種類型的人都有效果。

如果你是個很有威力的合一祝福給予者，你可以帶人走出憂鬱症。合一祝福確實對於各種類型的人都適用。你不須經過別人的許可，就給予他們合一祝福，他們顯然也不能給予你許可。

●當某地區發生災害時，如何以合一祝福幫助？

你可以把災區的地圖和照片放在面前，給予照片合一祝福。你會發現災民得到了某種程度的慰藉，他們可以從創傷中好好走出來。

我們在印度古吉拉特的事件中給予合一祝福，並且獲得很好的成果。如果你這麼做的話，不僅可以消除創傷，也可以使災民獲得物質上的益處。雖然你離災區非常遙遠，你仍然可以這麼做。稍加練習，會發現這真的非常有效。唯一有可能的問題，是微弱的心理障礙：懷疑這怎麼可能發生？但如果你持續去做，會看見它真的發生了。這就是你從這裡可以幫助他們的方式。

●合一祝福如何有助於實踐教導？

合一教導可以幫助你瞭解任何的特定情況，幫助你解決問題，但教導本身無法解決問題。因此你必須做的是，根據情況應用教導，在智性上瞭解教導，並試著對教導沉思。除此之外，你可能就難以進行了，這時候你必須接受合一祝福。合一祝福以教導為基礎，給予你高峰經驗。而因為它是高峰經驗，教導就會成為領悟。而且因為它如此深刻，就會帶來轉化，使你覺醒或了悟神性。

當你接受了合一祝福，教導會成為領悟。沒有合一祝福，教導就不會成為領悟，而只是個洞見——它會帶給你清晰，帶給你瞭解，但不會成為你的體驗。因此，要完全的瞭解教導，需要合一祝福的支持，然後教導立即會成為領悟。這就是合一祝福和教導之間的連結。教導是知識，而合一祝福是在大腦中帶來改變的力量，於是你就會覺醒或了悟神性。

●如何確定給予合一祝福時，它有在運作？

你必須觀察結果。譬如，有人因為罹患某種疾病來找你，如果合一祝福生效了，那人的疾病治癒了，那就表示合一祝福有在運作。假設某人有心理上的痛苦，你給予他合一祝福，他的痛苦消失了，也許是立即或幾天之後，那就證明合一祝福有在運作。如果某人有財務問題，你給予他合一祝福，問題得到解決了，那就證明合一祝福有在運作。你也可以將合一祝福運用在寵物身上，如果寵物生病了，你可以給予牠合一祝福，這是有效的。因此，你要去試試看，你從結果就會知道這一切運作得很好。

如果你沒有得到適當的結果，你必須檢查自己：是不是你的自我在干預？還是你與神沒有適當的連結？

●為什麼有的人接受合一祝福之後，仍然感到痛苦？

合一教導是心理學與靈性的結合。心理學透過教導來表達，再加上靈性，就是合一祝福。如果沒有適當的結合，那麼對於一些人來說，合一祝福就不會生效。你的心可能沒有綻放，與神沒有連結，關係沒有改善。只有當心理學與靈性完美融合時，合一祝福才能發揮最好的效果。

因此，要給予適當的合一祝福，你必須瞭解那個人，給他們必要的教導，再給予合一祝福。教導與合一祝福，必須融合在一起。有時候，在緊急的情況下，合一祝福本身就可以發揮效果。而對於一些類型的轉化，你必須給予教導，讓那個人對事情有一個瞭解；再藉由合一祝福，使瞭解成為他的經驗。教導無法帶來經驗，但可以給你一個瞭解。而要讓瞭解成為經驗，必須添加合一祝福。當你使用這個方法，人們才可以獲得最佳的效益。

●什麼修練可以增強合一祝福的威力？

你必須使身體變得敏感，你必須做某些修練，例如：斷食兩、三天，有時最多七天的斷食，或練習某些呼吸技巧。你要使身體變得更敏感，讓合一祝福能更強烈的流進你。

同樣的，如果接受合一祝福的人，使自己的身體變得敏感也很好，因為合一祝福流經感覺細胞。如果接受者不敏感，合一祝福會變得很微弱。因此，可以給予他們一些呼吸練習，或一些斷食。例如：他們可以斷食兩天，再接受合一祝福。在這種情況下，合一祝福就會很有威力。

你可以做很多的事情，使合一祝福變得很有威力。最重要的是，你必須成長，我們已經給了你所有的教導。首先，你在智性上瞭解這些教導，並在生活中應用教導。如果你沒有應用，那教導就沒有用。舉例來說，我們經常告訴你：「看進你的內在，就會發現自己是個垃圾坑和化糞池。在你內在有許多糟糕的東西。」現在你要踏上這趟內在的旅程，將你的嫉妒、憤怒、恐懼、欲望和憎恨，像個嬰兒般的抱著。你必須去處理這些。

你必須很直接的處理它們，而不僅是一個概念。實際的進入自己的內在，在合一祝福的幫助下，看見它們、抱著它們，就像你抱著一個新生嬰兒般的，好好的抱著它，不去譴責、評斷，就是抱著它、經驗它。如果你持續這麼做，就會發現教導生效了。你可以與神連結，立即得到合一祝福，以任何你想要的形式與神連結，並再加上教導。你幾乎每一天都要做這項實修，然後你就會成為很有威力的合一祝福給予者。

首先，是使身體變得敏感。其次，是在智性上瞭解教導後，加以實際的應用它們。你必須靜靜坐在一個安靜的地方，允許你的思想來臨，開始應用教導。第三，是你必須改善與神的連結。是神以合一祝福的方式降臨，合一祝福就是神，神想接近人，而神就是你自己的高我，因此你必須成為神很好的管道。隨著越來越多的神聖能量流經你後，不用做什麼，你就會看見自己的意識層次不斷提升，有更多的洞見，實際感覺與別人合一。這是真實的事情，而不是什麼虛構的概念，你會真的感覺與別人合一。

●給予合一祝福，會使我吸收到別人的負能量嗎？

當你給予合一祝福時，你必須充分意識到你成為了神幫助人類的工具。你要清楚瞭解神是在流過你，因為祂想要幫助人類，而你是在服事人類。有兩件要注意的事情：第一，你必須非常清楚合一祝福並不是你在做的事情，你只是神的工具。第二，神想要幫助人類，而你在幫助神。並不是你在幫助人類。你是什麼人可以幫助人類呢？你必須瞭解你是幫助「神去幫助人類」。如果你有這種覺知，善業就會迅速增長。

只要你覺得神是透過你幫助人類，你只是提供你的身體、頭腦與心靈，就完全沒有問題。你幫助了人，你的善業帳戶不斷增加。你藉著幫助別人，就可以得到善業。只要你明白是神在進行療癒，而不是你，就不會失去任何東西。但如果你認為是自己在做的話，你的善業帳戶就會出錯，惡業帳戶就會增加。只要你認為是神在進行療癒，你會增加善業帳戶，可以將善業兌換成任何你想要的目的。這就是你要進行的方式。

這一切都取決於你的識別。只要你不認為是自己在進行療癒，就沒有問題。如果你發現有問題，有時候事情無意間可能出錯，這是為什麼要有預防措施。在一天結束時，你要在鹽水中清洗手腳，這是你可以採取的最好預防措施。

第三部

生命輪迴：靈魂的演化旅程

你覺得死亡是可怕的，你認為自己會消失、滅亡、不見了。然而，死亡本身是個非常美麗的過程。在這過程的終點，你將感到巨大的解脫。

第十三章　生命是學習的旅程

生命是學習的過程。你來到這裡學習某些課題，每個問題都是為了讓你學習到一個課題。這世界是一所為我們的學習而設計的學校。當我們沒有做到學習與演化時，就必須一再來到地球。

●人為什麼誕生？

人類的生命是一個神聖協議的制訂，它不是一個意外或偶然的發生。每次你在地球的生命結束之後，將遇見光，被光擁抱著。你在無條件的愛中，從這個「愛」的地方，回顧自己的生命。你不是被評判，而是你在評判自己。你以在地球上時，評判別人的相同標準評判自己。因為無法原諒自己對別人造成的傷痛，你尋求悔改。又因為無法寬恕別人對你造成的痛苦，你尋求報復。制約的力量，以及未化解的情緒，使你卡在生死輪迴之中。

你依據需要學習的課題，以及渴望實現的願望，設計你未來的生命。神永遠都願意應允你的祈禱。生命是自己創造出的選擇，而非強制性的。要超脫輪迴，你必須履行神聖協議的條款，忘掉傷痛和仇恨，學習寬恕和愛。心的綻放和意識到神的存在，是生命所要給予你的偉大禮物。

●生命協議是如何制訂的？

在你誕生之前，會確切顯示給你，你的人生將是如何、將在哪裡誕生、父母是誰、你的人生會發生什麼事件、命運為何……每件事情都會顯示給你。在你瞭解且同意之後，才會真的降生。為什麼人們會接受糟糕的生活？這是因為在地球層面上一百二十年的生活，從上面看起來真的像是只有三分鐘。由於它只有三分鐘，因此一切都很有趣，於是人們接受了各種的生活。但上面看起來只有幾分鐘的生命，在這裡卻成了漫長的生活，你就會開始抱怨它。

通常在你誕生後六個月內，你會意識到協議；而在這之後，你就會忘掉它。否則，你將無法過你所同意的生活。儘管生命是個神聖的協議，你在來到地球之後，可以在特定的條件下改變協議。在人生中改變協議是可能的，否則，一切都是預先設定、命中注定的，獲得等待著你的東西，你想要它，接受它，過這樣子的生活。

●人類的生命有什麼目的？

你在這裡基本上是為了三件事情。

你們都是來此學習和成長的。你在誕生之前計畫這一生、你的整個生命，如你現在所生活的那樣，顯示給你。你答應降生，想有這些經驗來學習一些東西，並在靈性上成長。你必須發現那個目的，發現你誕生的目的是可能的。

第二，在學習的過程中，神也會為祂的某些目的運用你。神在蓋房子，並運用你作為祂的工人。祂用你來搬運磚頭，做砌築工作，建造房子。在這個過程中，神會給予你薪資，讓你和你的家人快樂的生活。這些薪資就是你在生活中得到的洞見。從你的角度來看，這加強了你的學習過程。從神的角度來看，你是在幫助神實現祂對於地球的使命。

第三，生命最終的目的是與神合一。你整個生命的建構是為了在這個方向上推動你。如果你生命中的每一個事件，都徹底理解和體驗為神的行動，你就會靠近神。最終你就會與神合一。

這就是生命的目的。

● 如何完成此生的學習，進入更高的次元？

人基本上是動物，動物的本能總是追求快樂，將痛苦轉化為快樂。你也必須學會將痛苦轉化為快樂的藝術，生命就是如此。

在這個世界上，沒有什麼是永恆的，沒有永遠的健康、永恆的財富這樣的東西。生命不過是挑戰，你解決了一個問題，下一個問題就在門邊等著將你擊倒。這是為什麼我說人生就像一場遊戲。例如打板球，你擊出四分打後，高興個幾分鐘，但很快的，就必須面對下一顆球，它可能是快速反彈球或曲線球。你必須一分又一分的持續擊球。如果你持續擊球，你就是成功的。但如果你只打防守招，就不會成功。如果你是積極的，當挑戰來臨時，迎向挑戰，你就贏了；否則的話，你就輸了。

你必須「回應」生活的情況，而不是「反應」。這些挑戰總是痛苦的，你可能面對它，獲得成功，或逃跑和落敗。挑戰來來去去，你必須知道如何將痛苦轉化為快樂，僅此而已。

那你如何將痛苦轉化為快樂？就是透過經驗痛苦。而你如何經驗痛苦？它是如此可怕，你很想逃離它。但如果你經驗痛苦，你就會擊出四分打或六分打，或獲得幾分，這取決於你多能經驗痛苦。請記住，你必須持續的擊球（經驗痛苦），直到結束。什麼時候會結束？直到你的最後一口氣。如果你擊出一百分，就會去到另一個次元。如果你擊出兩百分，就會去到更高的次元。如果你擊出一千分，就會馬上進入最終的次元：真理界（Satyaloka）。否則的話，你就會再回到這個世界。

第十四章　死亡是解脫的經驗

生命就像一條河流，不會為誰停留。任何人都無法避免死亡，這僅是時間的問題。當使命完成時，每個人都必須離開地球，你就會進入更高的存在層面。

●人死後會發生什麼？

在一般情況下，人死後會徘徊三天。他們能夠看到自己的親人、朋友，甚至可以聽到聲音，但隨後他們就無法碰觸任何的東西，他們會意識到自己死了。這時你必須進行所有的儀式，這可以撫慰他們，使他們對接下來的旅程做好準備。隨後的旅程以我們的時間大約是十天左右，接著光就會出現在他們面前。

你會遇見超靈（Paramathma），祂可能以光的形式，或以你禮拜的神的形式顯化，有時則顯化為你的祖先。你的一生都會被回顧。你將坐在一個螢幕前面，在那裡轉動著你的整個生命過程。你做的事情都會顯示，你做過的善行畫面會迅速的過去，畫面會停在你的惡行上。然後，你進入到你對他做過壞事、說過髒話或傷害過的人的那個位子上，感覺到對方的那份傷痛，經驗到你所做的惡行。例如，如果你以不好的話侮辱別人，你就會感覺被相同的話侮辱，你會被放進別人的立場中，去經驗他們所經驗到的。你毆打你的妻子，或你殺了人，那畫面就會停下來，你將進入另一個人的立場，經驗那個人在你這麼做時所經驗到的。每一個小場景都會回顧，整件事情以你的手錶計算大約需要三分鐘的時間。

此後，神不會評判你，而是你評判自己。你如何評判自己？你以你在地球上評判別人的方式，評判自己。正如基督說的：「你們不要論斷人，免得你們被論斷。」與此類似的是，神不會評判你，而是你以你在地球上評判別人的方式，評判自己。接著，你就會決定你要去哪個次元。

依據你的評判，去到任何相關的次元。如果你將自己評判得很糟糕，你會到地獄，就會有地獄的體驗。但你不是永遠待在那裡，你會持續從那裡移動到其他次元。而如果你做了充分的準備，就會適當的評判自己，並移動到更高的次元，我們稱之為天堂。

你會有二個選項。第一個是「重生」，但會經驗到更多的痛苦。第二個是「從輪迴解脫」。然而，只有少數人會選解脫，許多人都要重生。無論我們在這一世做了什麼壞事，在下次誕生時，都會受這痛苦。你會被帶到各種的痛苦中心：如果你是印度教徒，你會被不斷拋出，就像洗衣服似的，你的身體各部位會被粉碎，再自動結合，然後再重複同樣的過程。如果你是伊斯蘭教徒，你會被拋到一把長刀上，你的整個身體會被切成碎片，再自動結合，然後重複同樣的過程。如果你是基督教徒，你的身體會變成熱烤肉，再恢復，然後重複同樣的過程。因此，每個過程都同樣的糟糕。在這所有的過程之後，取決於你的宗教，會顯示你下一次誕生的身體，它的各種特徵和性質，以及你來世的前途和命運。

當你學會你的課題時——這課題是：「你必須發現無條件的愛。」——

神就會給出最終的判斷。取決於你所敬拜的神，你會被帶進毗濕奴神之國度（Vaikunth）、真理界或地球（Bhuloka）。為了取得進入這些次元的准許，你需要你的神最後的判斷，這會依據你是否發現了無條件的愛。

●為什麼人害怕死亡？

你將死亡視為你的心理未來和你的願望的結束點。你害怕死亡，是因為你認為死亡會讓你與你的財產、人們和目的有關的身分分離。實際上，死亡是與一切「你所是的」、「你所擁有的」，以及「你想成為的」分離。

對死亡的恐懼，是每個人心理大廈的一部分。死亡的存在使生命的每一刻都蒙上了一層陰影。你皮膚上的每一條皺紋、你的每一根白髮，以及每一次緊張的談話，都提醒了你死亡。什麼的死亡？夢的死亡嗎？它提醒你關係會結束、地位會瓦解、安全受到干擾的可怕可能性。

孤獨是害怕沒沒無聞。這種對於「沒沒無聞」和「什麼都不是」的恐懼，不就類似於對死亡的恐懼嗎？讓我們看看身體死亡的過程。大多數的人都是害怕伴隨死亡的症狀與情況，而不是害怕死亡本身。你如何害怕你所不知道的事物？

但你可以將死亡與生命分開嗎？生命的美麗，在於死亡一直伴隨著它。宇宙的美，是在生命與死亡的合一中展開的。所有的分裂，都暗示了外在和內在、這裡和以後、物質和精神、存在和非存在；終止，永恆的經驗就成為了可能。

死亡是一個自由的經驗。精神從身體的限制中解脫出來，向光移動。天國的音樂在過程中伴隨著你。事實上，你的祖先、親人和朋友都會來帶領你。你的精神體穿越了隧道。在你遇見有情的、慈悲的光之前，你穿過各種世界。在這旅程中，你將遇見在你許多世中，所有扮演過你父母、伴侶、孩子、朋友和敵人的人。

你認出自己是個有著許多經驗和無數身分的古老存在。生命，無論是以什麼方式活過，從永恆的角度來看，都是精神性的體驗。

●從輪迴解脫與覺醒有何不同？

從輪迴解脫與覺醒是相當不同的。覺醒，是你生活在地球上時所發生的，即「如實的經驗真實」。現在的你不知道真實是什麼，你不知道電風扇看起來如何，你看事物的方式與覺醒的人是不同的。在覺醒者的眼裡，僅僅看著電風扇，就是如此的喜悅，每個感官體驗都是喜悅的。而你卻說：「啊！這不過是個糟透了的小電風扇。」你的頭腦不停的評論。

從輪迴解脫是在死後獲得的，是從生死輪迴解脫。當你獲得解脫時，就會進入真理界，你能選擇降生於任何你想要的次元。獲得解脫，並不取決於你的業力或任何特殊的協議。在你死後，當回顧你的生命時，如果你說：「我不想再回來，我要待在真理界。」祂們無法說「不」。這是個祕密！一旦你請求，在真理界沒有人會被拒絕，你一定會被接受。你擁有完全的自由，選擇是否降生。奇妙的是，大多數的人都想再度回來，是由於執著、未實現的願望，或無法寬恕自己，而想要再次回來學習。

●為什麼有的靈魂會卡在較低次元？

當人們過世時，如果他們很害怕地獄，或被神評判，那麼他們往往就不會繼續他們的旅程，就會卡在地球層面成為地縛靈。如果做了一些必要的儀式和典禮，那確實可以幫助他們。但更重要的是，讓他們與神對話，並瞭解神是非常友善，不會評判他們的。這需要在人的思維中有個轉變，他必須與他的神很友好，否則的話，就會有不必要的問題。

●祖先與我們有什麼關聯？

生命是永恆的，一切都是永遠存在的。你個人的生命不過是宇宙生命之歌的一個音符。你不是獨自前來的，你不是孤獨生活，你也不會單獨離去。你們以集體的靈魂降臨，透過許多世，學習你的課題，完成你未完成的使命。你們選擇在地球上短暫逗留，為了彼此的成長，與彼此相遇。

你要感恩你的祖先。你的生命與存在受惠於祖先。你物質上與精神上的福祉，和你離開的祖先的福祉有不可分離的關聯。正如每個人都受惠於生育他的地球、庇護他的樹木，以及支持他的生命，你也受惠於你的祖先，因為是他們的血液流過了你的血管，是他們的思想流過了你的意識。你必須透過為他們的解脫祈禱，表達你的感恩。藉由你的祈禱所請求的祝福之翼，他們的靈魂就會翱翔到更高的世界。

●如何幫助祖先獲得解脫？

與你的祖先溝通是可能的。你可以坐在他們的照片前面，對他們所做的一切表達你的感恩，並為所有你犯的錯誤向他們道歉。你的祖先會寬恕你，與你友好，所有的敵意就會消失。

我們許多問題的主要原因，是因為我們的祖先卡在某個地方，他們卡在各種不同的次元中。有時當他們卡住時，你可能會有財務問題；有時當他們卡住時，你可能會有健康問題；有時當他們卡住時，你可能會有官司。與此類似的是，它會以類似的方式顯化，這是因為我們的祖先卡住了。

無論你是否認識你的祖先。當你為他們祈禱時，他們就會進入光中，得到淨化。一旦他們被淨化了，你就會開始受益。

附錄一

《解脫經》釋意：從生活的各層面解脫

巴觀認為人類意識能夠去經驗比他今天所經驗到的，更廣闊和豐富的現實。使人類恢復他自然存在狀態的壯麗與燦爛，始終是巴觀的熱情所在。

《解脫經》（*Liberation Sutra*）闡明了巴觀所說的「全然與無條件的自由」：

Moksho Nama Jeevasya Vimuktihi Etasmat
Indreeyanaam Vimuktihi Etasmat
Ahamkarat Vimuktihi Etasmat
Manaso Vimuktihi Etasmat

Gnyanasya Bandhat Vimuktihi Etasmat
Samskrte Bandhat Vimuktihi Etasmat
Samajasya Bandhat Vimuktihi Etasmat
Karmano Bandhat Vimuktihi
Iti Satyam Satyameva Satyam
Iti Satyam Satyameva Satyam
Iti Satyam Satyameva Satyam

覺醒是生活的解脫；
感官的解脫；
從自我解脫；
從頭腦解脫；
從知識解脫；
從制約解脫；

從社會解脫；
從工作解脫。
這即是真理。

生活的解脫

存在的本質就是喜悅，它具有吉祥的特質，如愛、慈悲、連結和寧靜。人的意識被概念、觀點、制約和心理結構所束縛。巴觀觀察到，「當淨化了意識所有的汙染，留下的是生命、純粹的意識或神。」因此，巴觀將覺醒或合一定義為「生活本身的解脫」。

感官的解脫

覺醒的基本層次是「體驗生活」。巴觀認為，覺醒是感官的解脫，使感官免於頭腦的束縛。頭腦以它的評判與評論干擾了每個感官體驗，使一切變得陳舊、毫無生氣。如果沒有頭腦的干擾，人的神經系統能夠透過各種的感官經驗（無論是視覺、聽覺、嗅覺、味覺或觸覺），產生喜悅，無論經驗的對象是什麼。因此，感官得到解脫的人超越了頭腦的生活，經驗著感官的生活。

從自我解脫

自我是分離感。每當有「我」與「別人」時，恐懼就浮現了，恐懼別人會對我做什麼。當你在恐懼之中時，為生存而掙扎、比較、嫉妒、憎恨等情緒就誕生了。巴觀說：「自我只是一個概念。」而概念是不存在於現實中的，是個幻象。

從頭腦解脫

「從頭腦解脫」一般的觀念有兩種：一種是頭腦的終止，進入「無念」的狀態；另一種頭腦的轉化，頭腦在自己內在經驗到更多的自由與平靜。但這兩者都不是巴觀所說的解脫。巴觀認為當不再努力去停止或改變頭腦，然後你就可以「與頭腦同在」而解脫。頭腦帶著它的內容物獨立存在著，幫助你生活中的實際問題，但不會干擾你對於生活的經驗。

從知識解脫

當巴觀談到從知識解脫，是從知識的束縛解脫，而不是從知識本身解脫。當知識沒有被轉化為經驗時，就會成為你經驗的障礙。阻礙生活經驗的知識，是一種負擔與束縛，因此必須放下。

從制約解脫

人類幾千年來發展出了共產主義、資本主義、平等主義、民族主義、宗教主義等理念，這些理念與概念有它自己的生命，利用你的生命讓其可以生存。它們以「思想的蟲子」進入你，渲染了每個生活經驗。從制約解脫，不是完全沒有任何理念或概念，而是在生活的功能性事務中可以自由的選擇它們。

從社會解脫

最終人束縛於「自由」的概念本身，人以為自由是透過反對現有的制度與社會規範而實現的。但「自由」本質上是內在的存在狀態，在這狀態中，你不再出於恐懼而做什麼，因此沒有任何對於「社會」所代表的制度、法規或價值觀的抗拒。「自由」，不是對於某個事物的抗拒，而是一種沒有對立面的意識狀態。

從工作解脫

巴觀將「行動」與「活動」做出區別。「活動」，是逃避內在的空虛或存在的痛苦，它作為達成目的的一種手段。你工作、開車、煮飯、清理、祈禱，是因為你在這所有事情的背後，有個你想去滿足的心理需求。「行動」，則是目標或目的存在於物理意義上，但不存在於心理感覺上。經驗本身就是目的，它源自於內在的喜悅與自由的狀態。儘管覺醒的人也工作，但他免於工作的壓迫。

附錄二

做一本祈禱的筆記簿，療癒阻礙祈禱實現的問題

巴觀說：「有七種程式造成你即使多次祈禱，某些問題仍然沒有解決。」在這七種程式中，只有一種程式是來自於意識頭腦，其餘的程式都是來自於無意識頭腦與潛意識頭腦。如果你遵循這個祈禱方法，它不僅會加強你與你個人的神的連結，而且還有助於解決你的問題，使你的祈禱得到實現。

使用一本筆記簿，寫下祈禱的細節

- 建立祈禱號碼、日期、時間、祈禱內容和評論等欄位。
- 寫下祈禱的日期和時間，請求神的恩典顯化與回應祈禱。
- 幾天之後，檢視你的祈禱，看看有沒有得到回應。在評論的欄位中寫下結果。如果祈禱沒得到回應，進行下一個步驟，去改變祈禱。
- 改變你的祈禱，去找到問題的根源。我們在以下的七個階段中被程式化，這是我們生命的預先決定因素。

七種程式

當心理障礙被化解時，問題就會得到解決。在程式被清理之後，祈禱就會生效。藉由神的幫助，可以看見在任何階段的問題。可能發現問題存在於數個階段中，所以一個人必須從第七階段開始一步一步的進行到第一階段。

1. 受孕前（前世業力的累積）——無意識頭腦

2. 受孕到在子宮內前二個半月——潛意識頭腦
3. 在子宮內前二個半月到分娩前——潛意識頭腦
4. 實際的分娩（分娩的類型）——潛意識頭腦
5. 從出生到六個月——潛意識頭腦
6. 從六個月到六歲——潛意識頭腦
7. 從六歲到現在——意識頭腦

第二到第五階段包含了合一教導所說的「四個籃子」，而最後的「籃子」是從分娩到出生後的六個小時。第五階段是延續到出生後的六個月。父母的情況與思想在這整個時期是關鍵的要素。

你可以從第七階段開始，尋找問題的原因。運用合一教導，並請求你個人的神的恩典，以解決問題。

巴觀說：「你可以運用任何的技術，從頭部放鬆到腳，進入昏昏欲睡的狀態，這是在清醒和睡眠之間的狀態。每天在你睡著前，都會經過昏昏欲睡的狀態，才進入睡眠。同樣的，當你醒來時，也會進入昏昏欲睡的狀態，然後才清醒。你必須設法進入這個狀態。然後請神告訴你，你卡在程式什麼地方。神就會掃描程式，告訴你問題究竟是什麼。然後你要請求神改變你的程式。一旦你的程式改變了，你的整個生命就會隨之轉化。」

現在將祈禱修改，在筆記簿上寫下日期、時間和祈禱的細節，在一段時間之後，檢視祈禱。如果祈禱得到回應了，就寫在評論欄位中。如果沒有的話，再試一次，找出第六階段中的問題原因，並依此修改祈禱。

每次我們修改祈禱，都必須記在筆記簿中。這就是我們運用神的幫助，來改變我們命運的方式。我們與神之間的連結就會改善。如果祈禱沒得到回應，必須一步一步的進行到第一階段。每次你改變祈禱時，就在筆記簿上做記錄，直到祈禱得到實現。

有個人來合一大學參與課程，在過去的三十年裡，他有嚴重的左肩疼痛。他運用所有可能的醫療援助，做了很多的祈禱，但問題仍然存在。當他知道這個祈禱系統之後，他從第七階段開始，看到十歲在海邊玩耍，躲在自己建造的沙堡中，有些孩子不知道他躲起來了，就往沙堡踏，而傷了他的左肩。在看到這個之後，他的疼痛消失了一會兒，但又再次復發。他依照上述的過程一步一步的進行。他到第四階段（分娩），看到分娩時他的左肩卡在母親的骨盆。他祈禱讓這個階段得到療癒。在祈禱之後，傷痛就消失了，然而幾天之後又再度復發。他又重新祈禱，進行前世回溯。藉由神的恩典，他看到前世曾是一個戰士，在騎馬打仗。突然，他從馬背上摔下來，許多馬踩過了他。他的左肩受到嚴重的傷害，他經驗到極度的痛苦。在這過程中，他因為左肩的傷死亡了。當他看到這一幕，隨著神的恩典，傷痛就消失了，他的肩痛被治癒了，他的祈禱得到了永久的效果。

Spiritual Life 19

喜悅，就是去擁抱生活：

享受當下，與神連結，活出你與宇宙共同創造的新生命

The Secret of Joy is to Embrace Your Life

作者／巴觀（Sri Bhagavan）
編譯／傅國倫
美術設計／斐類設計工作室
責任編輯／簡淑媛
內頁排版／李秀菊
校對／傅國倫、黃妏俐、簡淑媛

國家圖書館出版品預行編目(CIP)資料

喜悅，就是去擁抱生活：享受當下，與神連結，活出你與宇宙共同創造的新生命／巴觀（Sri Bhagavan）著；傅國倫編譯. -- 初版. -- 臺北市：新星球出版：大雁文化發行, 2016.08
面；　公分. -- (Spiritual life ; 19)
譯自：The Secret of Joy is to Embrace Your Life
ISBN 978-986-93554-0-7（平裝）
1. 靈修　2. 人生哲學
192.1　　105015334

新星球出版 New Planet Books

業務發行／王綬晨、邱紹溢
行銷企劃／陳詩婷
總編輯／蘇拾平
發行人／蘇拾平
出版／新星球出版
　105台北市松山區復興北路333號11樓之4
電話／（02）27182001
傳真／（02）27181258
發行／大雁文化事業股份有限公司
　105台北市松山區復興北路333號11樓之4
24小時傳真服務／（02）27181258
讀者服務信箱／ Email:andbooks@andbooks.com.tw
劃撥帳號／19983379
戶名／大雁文化事業股份有限公司

初版一刷／2016年 8 月　定價：新台幣320元
初版五刷／2021年 4 月
ISBN：978-986-93554-0-7